AKAL BÁSICA DE BOLSILLO 219

Maqueta de portada: Sergio Ramírez
Diseño interior y cubierta: RAG

Reservados todos los derechos. De acuerdo a lo dispuesto en
el art. 270 del Código Penal, podrán ser castigados con penas
de multa y privación de libertad quienes sin la preceptiva autorización
reproduzcan, plagien, distribuyan o comuniquen públicamente, en todo o en parte,
una obra literaria, artística o científica, fijada en cualquier tipo de soporte.

1.ª edición, 2010
1.ª reimpresión, 2011
7.ª reimpresión, 2023

© Ediciones Akal, S. A., 2010
Sector Foresta, 1
28760 Tres Cantos
Madrid - España
Tel.: 918 061 996
Fax: 918 044 028
www.akal.com

ISBN: 978-84-460-3183-3
Depósito legal: M-1796-2011

Impreso en España

Marx - Engels - Lenin

La Comuna de París

ARGENTINA / ESPAÑA / MÉXICO

Karl Marx
Manifiesto del Consejo General
de la Asociación Internacional
de los Trabajadores sobre la guerra civil
en Francia en 1871

A todos los miembros de la Asociación
en Europa y los Estados Unidos

I

El 4 de septiembre de 1870, cuando los obreros de París proclamaron la República, casi instantáneamente aclamada de un extremo a otro de Francia sin una sola voz disidente, una cuadrilla de abogados arribistas, con Thiers como estadista y Trochu como general, se posesionaron del Hôtel de Ville. Por aquel entonces, estaban imbuidos de una fe tan fanática en la misión de París para representar a Francia en todas las épocas de crisis históricas que, para legitimar sus títulos usurpados a los gobernantes de Francia, consideraban suficiente exhibir sus actas ya caducas de diputados por la ciudad. En nuestro segundo manifiesto sobre la pasada guerra, cinco días después del encumbramiento de estos hombres, os decíamos ya quiénes eran[1]. Sin embargo, en la confusión provocada por la sorpresa, con los verdaderos jefes de la clase obrera encerrados todavía en las prisiones bonapartistas, y con los prusianos avanzando a toda marcha hacia París, la capital toleró que asumieran el poder bajo la expresa condición de que su solo objetivo fuera la defensa nacional. Ahora bien, París no podía ser defendido sin armar a su clase obrera, organizándola como una fuerza efectiva y adiestrando a sus hombres en la guerra misma. Pero París en armas era la revolución en armas. El triunfo de la capital sobre el agresor prusiano hubiera sido el triunfo del obrero francés sobre el capitalista francés y sus parásitos, dentro del Estado. En este conflicto entre el deber nacional y el interés de clase, el Gobierno de la defensa nacional no vaciló un instante en convertirse en el Gobierno de la traición nacional.

Su primer paso consistió en enviar a Thiers a deambular por todas las Cortes de Europa para implorar su mediación, ofreciendo el trueque de la República por un rey. A los cuatro meses de comenzar el asedio de la capital, cuando se creyó llegado el momento oportuno para empezar a hablar de capitulación, Trochu, en presencia de Julio Favre y de otros colegas de ministerio, habló en los siguientes términos a los alcaldes de París reunidos:

> La primera cuestión que mis colegas me plantearon, la misma noche del 4 de septiembre, fue ésta: ¿puede París resistir con alguna probabilidad de éxito un asedio de las tropas prusianas? No vacilé en contestar negativamente. Algunos de mis colegas, aquí presentes,

---

[1] Véase en *obras escogidas,* Buenos Aires, Ed. Cartago, 1957, pp. 331-341. *[N. del E.]*

certificarán la verdad de mis palabras y la persistencia de mi opinión. Les dije —en estos mismos términos— que, con la actual situación, el intento de París de afrontar un asedio del ejército prusiano sería una locura. Una locura heroica —añadía—, sin duda alguna; pero nada más... Los hechos (dirigidos por él mismo) no han dado un mentís a mis previsiones.

Este precioso y breve discurso de Trochu fue publicado más tarde por M. Corbon, uno de los alcaldes allí presentes.

Así pues, en la misma noche del día en que fue proclamada la República, los colegas de Trochu sabían ya que su «plan» era la capitulación de París. Si la defensa nacional hubiera sido algo más que un pretexto para el Gobierno personal de Thiers, Favre y compañía, los advenedizos del 4 de septiembre habrían abdicado el 5, habrían puesto al corriente al pueblo de París sobre el «plan» de Trochu y le habrían invitado a rendirse sin más o a tomar las riendas de su destino. En vez de hacerlo así, aquellos infames impostores optaron por curar la locura heroica de París con un tratamiento de hambre y de cabezas rotas, y engañarle mientras tanto con grandilocuentes manifiestos en los que se decía, por ejemplo, que Trochu, «el gobernador de París, jamás capitularía» y que Julio Favre, ministro de Negocios Extranjeros, «no cedería ni una pulgada de nuestro territorio ni una piedra de nuestras fortalezas». En una carta a Gambetta, este mismo Julio Favre confiesa que contra lo que ellos se «defendían» no era contra los soldados prusianos, sino contra los obreros de París. Durante todo el sitio, los matones bonapartistas a quienes Trochu, muy previsoramente, había confiado el mando del ejército de París, no cesaban de hacer chistes desvergonzados, en sus cartas íntimas, sobre la bien conocida burla de la defensa (véase, por ejemplo, la correspondencia de Alfonso-Simón Guiod, comandante en jefe de la artillería del ejército de París y Gran Cruz de la Legión de Honor, con Susane, general de división de artillería, correspondencia publicada en el *Journal Officiel*[2] de la Comuna). Por fin, el 28 de enero de 1871, los impostores se quitaron la careta. Con el verdadero heroísmo de la máxima abyección, el Gobierno de la defensa nacional, al capitular, se convirtió en el Gobierno de Francia integrado por prisioneros de Bismarck, papel tan bajo que, el propio Luis Bonaparte, en Sedán, se arredró ante él. Después de los acontecimientos del 18 de marzo, en su precipitada huida a Versalles, los *capitulards*[3] dejaron en las manos de París las pruebas documentales de su traición y, para destruirlas, como dice la Comuna en su proclama a las provincias, «aquellos hombres no vacilarían en convertir a París en un montón de escombros bañado por un mar de sangre».

Además, algunos de los dirigentes del Gobierno de la defensa tenían razones personales especialísimas para buscar ardientemente este desenlace.

Poco tiempo después de sellado el armisticio, M. Millière, uno de los diputados por París en la Asamblea Nacional, fusilado más tarde por orden expresa de Julio Favre, publicó una serie de documentos judiciales auténticos demostrando que el anterior, que vivía en concubinato con la mujer de un borracho residente en Argel, había logrado, por medio de las más descaradas falsificaciones come-

---

[2] *Journal officiel de la République Française* [*Diario oficial de la República Francesa*], órgano del Gobierno de la Comuna, que se publicó en París del 19 de marzo al 24 de mayo de 1871. *[N. del T.]*
[3] Capituladores. *[N. del E.]*

tidas a lo largo de muchos años, atrapar en nombre de los hijos de su adulterio una cuantiosa herencia con la que se hizo rico, y que, por un pleito entablado por los legítimos herederos, sólo pudo conseguir salvarse del escándalo gracias a la connivencia de los tribunales bonapartistas. Como estos escuetos documentos judiciales no podían descartarse fácilmente, por mucha energía retórica que se desplegase, Julio Favre, por primera vez en su vida, dejó la lengua quieta, aguardando en silencio a que estallase la guerra civil, para denunciar frenéticamente al pueblo de París como a una banda de criminales evadidos de presidio y amotinados abiertamente contra la familia, la religión, el orden y la propiedad. Y este mismo falsario, inmediatamente después del 4 de septiembre, apenas llegado al poder, puso en libertad, por simpatía, a Pic y Taillefer, condenados por estafa bajo el propio Imperio, en el escandaloso asunto del periódico *Etendard*[4]. Uno de estos caballeros, Taillefer, que tuvo la osadía de volver a París bajo la Comuna, fue reintegrado inmediatamente a la prisión. Entonces, Julio Favre, desde la tribuna de la Asamblea Nacional, exclamó que París estaba poniendo en libertad a todos los presidiarios.

Ernesto Picard, el Joe Miller[5] del Gobierno de la defensa nacional, que se nombró a sí mismo ministro de Hacienda de la República después de haberse esforzado en

---

[4] *Etendard*. Periódico francés de tendencia bonapartista, que se publicó en París desde 1868 hasta 1888. Se suspendió su publicación a causa del descubrimiento de operaciones fraudulentas, que servían de fuente financiera al periódico. *[N. del E.]*

[5] En lugar de Joe Miller, la edición alemana dice Karl Vogt, y la edición francesa, Falstaff. Joe Miller era un conocido actor inglés del siglo XVIII. Karl Vogt era un demócrata burgués alemán, que se convirtió en agente de Napoleón III. Falstaff, por último, es un personaje fanfarrón y aventurero de las obras dramáticas de Shakespeare. *[N. del E.]*

vano por ser ministro del Interior del Imperio, es hermano de un tal Arturo Picard, individuo expulsado de la Bolsa de París por tramposo (véase el informe de la prefectura de Policía del 13 de julio de 1867), y convicto y confeso de un robo de 300.000 francos, cometido siendo gerente de una de las sucursales de la Société Générale, *rue Palestro*, n.º 5 (véase el informe de la prefectura de Policía del 11 de diciembre de 1868). Este Arturo Picard fue nombrado por Ernesto Picard redactor jefe de su periódico *L'Electeur Libre*. Mientras los especuladores vulgares eran despistados por las mentiras oficiales de esta hoja financiera ministerial, Arturo Picard andaba en un constante ir y venir del Ministerio de Hacienda a la Bolsa, para negociar en ésta con los desastres del ejército francés. Toda la correspondencia financiera cruzada entre este par de dignísimos hermanitos cayó en manos de la Comuna.

Julio Ferry, que antes del 4 de septiembre era un abogado sin pleitos, consiguió, como alcalde de París durante el sitio, hacer una fortuna amasada a costa del hambre de los demás. El día en que tenga que dar cuenta de sus malversaciones, será también el día de su condena.

Como se ve, estos hombres sólo podían encontrar *tickets-of-leave** entre las ruinas de París. Hombres así eran precisamente los que Bismarck necesitaba. Se barajaron las cartas y Thiers, hasta entonces inspirador secreto del Gobierno, apareció ahora como su presidente, teniendo por ministros a *ticket-of-leave-men*.

---

* En Inglaterra, suele darse a los delincuentes comunes, después de cumplir la mayor parte de la condena, unas licencias con las que se les pone en libertad y bajo la vigilancia de la policía. Estas licencias se llaman *tickets-of-leave*, y a sus portadores se les conoce con el nombre de *ticket-of-leave-men*. [*N. a la edición alemana de 1871.*]

Thiers, ese enano monstruoso, tuvo fascinada a la burguesía francesa durante casi medio siglo, por ser la expresión intelectual más paradigmática de su propia corrupción como clase. Ya antes de hacerse estadista, había revelado su talento para la mentira como historiador. La crónica de su vida pública es la historia de las desdichas de Francia. Unido a los republicanos antes de 1830, cazó una cartera bajo Luis Felipe, traicionando a Laffitte, su protector. Se congració con el rey a fuerza de atizar motines del populacho contra el clero –durante los cuales fueron saqueados la iglesia de Saint Germain l'Auxerrois y el palacio del arzobispo– y actuando, como lo hizo contra la duquesa de Berry, a la par de espía ministerial y de partero carcelario. La matanza de republicanos en la *rue* Transnonain y las infames leyes de septiembre contra la prensa y el derecho de asociación que la siguieron fueron obra suya. Al reaparecer como jefe del Gobierno en marzo de 1840, asombró a Francia con su plan de fortificar París. A los republicanos, que denunciaron este proyecto como un complot siniestro contra la libertad de París, les replicó desde la tribuna de la Cámara de Diputados:

> ¿¡Cómo!? ¿Suponéis que puede haber fortificaciones que sean una amenaza contra la libertad? En primer lugar, es calumniar a cualquier gobierno, sea el que fuere, creyendo que puede tratar algún día de mantenerse en el poder bombardeando la capital… Semejante gobierno sería, después de su victoria, cien veces más imposible que antes.

En realidad, ningún gobierno se habría atrevido a bombardear París desde los fuertes más que el que antes había entregado estos mismos fuertes a los prusianos.

Cuando el rey Bomba[6], en enero de 1848, probó sus fuerzas contra Palermo, Thiers, que entonces llevaba largo tiempo sin cartera, volvió a alzar su voz en la Cámara de los Diputados:

> Todos vosotros sabéis, señores diputados, lo que está pasando en Palermo. Todos vosotros os estremecéis de horror (en el sentido parlamentario de la palabra) al oír que una gran ciudad ha sido bombardeada durante cuarenta y ocho horas. ¿Y por quién? ¿Acaso por un enemigo exterior, que pone en práctica las leyes de la guerra? No, señores diputados, por su propio Gobierno. ¿Y por qué? Porque esta ciudad infortunada exigía sus derechos. Y por exigir sus derechos, ha sufrido cuarenta y ocho horas de bombardeo... Permitidme apelar a la opinión pública de Europa. Levantarse aquí y hacer resonar, desde la que tal vez es la tribuna más alta de Europa, algunas palabras (sí, cierto, palabras) de indignación contra actos tales, es prestar un servicio a la humanidad... Cuando el regente Espartero, que había prestado servicios a su país (lo que nunca hizo Thiers), intentó bombardear Barcelona para sofocar su insurrección, de todas partes del mundo se levantó un clamor general de indignación.

Dieciocho meses más tarde, M. Thiers se contaba entre los más furibundos defensores del bombardeo de Roma por un ejército francés[7]. La falta del rey Bomba debió con-

---

[6] Apodo de Fernando II, rey de las Dos Sicilias. *[N. del E.]*
[7] En abril de 1849, las tropas francesas fueron enviadas a Italia para aplastar la Revolución italiana. El bombardeo de la Roma revolucionaria era una violación escandalosa de la Constitución francesa, en la

sistir, por lo visto, en no haber hecho durar el bombardeo más que cuarenta y ocho horas.

Pocos días antes de la Revolución de febrero, irritado por el largo destierro de cargos y pitanza a que le había condenado Guizot, y venteando la inminencia de una conmoción popular, Thiers, en aquel estilo seudoheroico que le ha valido el apodo de «Mirabeaumouche»[8], declaraba ante el parlamento:

> Pertenezco al partido de la revolución, no sólo en Francia, sino en Europa. Yo querría que el Gobierno de la revolución no saliese de las manos de hombres moderados…, pero aunque el Gobierno caiga en manos de espíritus exaltados, incluso en las de los radicales, no por ello abandonaré mi causa. Perteneceré siempre al partido de la revolución.

Vino la Revolución de febrero. Pero, en vez de desplazar al ministro Guizot para poner en su lugar un ministro Thiers, como este hombrecillo había soñado, la revolución sustituyó a Luis Felipe por la República. Durante los primeros días del triunfo popular, se mantuvo cuidadosamente oculto, sin darse cuenta de que el desprecio de los obreros le resguardaba de su odio. Sin embargo, con su proverbial valor, permaneció alejado de la escena pública, hasta que las matanzas de junio[9] le dejaron el camino expedito para su peculiar actuación. Entonces, Thiers se convirtió en la

---

que se decía que la República no emplearía jamás su poder para oprimir la libertad de ningún otro pueblo. *[N. del E.]*
[8] Mirabeau-mosca. *[N. del E.]*
[9] Se alude al aplastamiento de la insurrección del proletariado de París en junio de 1848. *[N. del E.]*

mente inspiradora del «partido del orden» y de su república parlamentaria, ese interregno anónimo en que todas las facciones rivales de la clase dominante conspiraban juntas para aplastar al pueblo y las unas contra las otras en el empeño de restaurar cada cual su propia monarquía. Entonces, como ahora, Thiers denunció a los republicanos como el único obstáculo para la consolidación de la República; entonces, como ahora, habló a la República como el verdugo a don Carlos: «Tengo que asesinarte, pero es por tu bien». Ahora, como entonces, tendrá que exclamar al día siguiente de su triunfo: «L'Empire est fait», el Imperio está hecho. Pese a sus prédicas hipócritas sobre las libertades necesarias y a su rencor personal contra Luis Bonaparte, que se sirvió de él como instrumento, dando una patada al Parlamento (fuera de cuya atmósfera artificial nuestro hombrecillo queda, como él sabe muy bien, reducido a la nada), encontramos su mano en todas las infamias del Segundo Imperio: desde la ocupación de Roma por las tropas francesas hasta la guerra con Prusia, que él atizó arremetiendo ferozmente contra la unidad alemana, no por considerarla como un disfraz del despotismo prusiano, sino como una usurpación contra el derecho conferido a Francia de mantener desunida a Alemania. Aficionado a blandir a la faz de Europa, con sus brazos enanos, la espada del primer Napoleón, cuyo limpiabotas histórico era su política exterior, que culminó siempre con las mayores humillaciones de Francia, desde el tratado de Londres de 1841, hasta la capitulación de París en 1871 y la actual guerra civil, en la que lanza contra la capital, con permiso especial de Bismarck, a los prisioneros de Sedán y Metz. A pesar de la versatilidad de su talento y de la variabilidad de sus propósitos, este hombre ha estado toda su vida encadenado a la rutina más fósil. Se comprende que las corrientes subterráneas más profundas de la sociedad moderna permanecieran siempre ignoradas para él; pero hasta los cambios más palpables operados en su superficie repugnaban a aquel cerebro, cuya energía había ido a concentrarse en la lengua. Por eso, no se cansó nunca de denunciar como un sacrilegio toda desviación del viejo sistema proteccionista francés. Siendo ministro de Luis Felipe, se mofaba de los ferrocarriles como de una loca quimera; y desde la oposición, bajo Luis Bonaparte, estigmatizaba como una profanación todo intento de reformar el podrido sistema militar de Francia. Jamás, en su larga carrera política, tuvo que acusarse de la más insignificante medida de carácter práctico. Thiers sólo era consecuente en su codicia de riqueza y en su odio contra los hombres que la producen. Cogió su primera cartera, bajo Luis Felipe, más pobre que una rata y la dejó siendo millonario. Su último ministerio, bajo el mismo rey (el de 1 de marzo de 1840), le acarreó en la Cámara de los Diputados una acusación pública de malversación, a la cual se limitó a replicar con lágrimas, mercancía que maneja con tanta prodigalidad como Julio Favre u otro cocodrilo cualquiera. En Burdeos, su primera medida para salvar a Francia de la catástrofe financiera que la amenazaba fue asignarse a sí mismo un sueldo de tres millones al año, primera y última palabra de aquella «república ahorrativa», cuyas perspectivas había pintado a sus electores de París en 1869. M. Beslay, uno de sus antiguos colegas del Parlamento de 1830, que, a pesar de ser un capitalista, fue un miembro abnegado de la Comuna de París, dijo finalmente a Thiers en un cartel mural: «La esclavización del trabajo por el capital ha sido siempre la piedra angular de su política y, desde el día en que vio la República del Trabajo instalada en el Hôtel de Ville, no ha cesado un momento de gritar a Francia: ¡ésos son unos criminales!». Maestro en pequeñas granujadas gubernamentales, virtuoso del perjurio y de la traición, ducho en todas esas mezquinas estratagemas, maniobras arteras y bajas perfidias de la guerra parlamentaria de partidos; siempre sin escrúpulos para atizar una revolución cuando no está en el poder, y para ahogarla en sangre cuando empuña el timón del Gobierno; lleno de prejuicios de clase en lugar de ideas y de vanidad en lugar de corazón; con una vida privada tan infame como odiosa en su vida pública, incluso hoy, en que representa el papel de un Sila francés, no puedo por menos de subrayar lo abominable de sus actos con lo ridículo de su jactancia.

La capitulación de París, que entregaba a Prusia no sólo la capital, sino toda Francia, vino a cerrar la larga cadena de intrigas traidoras con el enemigo que los usurpadores del 4 de septiembre habían empezado aquel mismo día, según dice el propio Trochu. De otra parte, esta capitulación inició la guerra civil, que ahora tenían que hacer con la ayuda de Prusia, contra la República y contra París. Ya en los mismos términos de la capitulación se contenía la encerrona. En aquel momento, más de una tercera parte del territorio estaba en manos del enemigo; la capital se hallaba aislada de las provincias y todas las comunicaciones desorganizadas. En estas circunstancias, era imposible elegir una representación auténtica de Francia, a menos que se dispusiese de mucho tiempo para preparar las elecciones. He aquí por qué el pacto de capitulación estipulaba que habría de elegirse una Asamblea Nacional en el término de 8 días; así fue cómo la noticia de las elecciones que iban a celebrarse no llegó a muchos sitios de Francia hasta la víspera de éstas. Además, según una cláusula expresa del pacto de capitulación, esta Asamblea había de elegirse con el único objeto de votar por la paz o por la guerra, y para concluir, en su caso, un tratado de paz. La población no podía dejar de sentir que los términos del armisticio hacían imposible la continuación de la guerra y de que, para sancionar la paz impuesta por Bismarck, los peores hombres de Francia eran los mejores. Pero, no contento con estas precauciones, Thiers, ya antes de que el secreto del armisticio fuera comunicado a los parisinos, se puso en camino para una gira electoral por provincias, con objeto de galvanizar y resucitar el partido legitimista que, ahora, unido a los orleanistas, habría de ocupar la vacante de los bonapartistas, inaceptables por el momento. Thiers no tenía miedo a los legitimistas. Imposibilitados para gobernar a la moderna Francia y, por tanto, desdeñables como rivales, ¿qué partido podría servir mejor como instrumento de la contrarrevolución que aquel partido cuya actuación, para decirlo con palabras del mismo Thiers (Cámara de Diputados, 5 de enero de 1833), «había estado siempre circunscrita a tres recursos: la invasión extranjera, la guerra civil y la anarquía»? Ellos, por su parte, creían firmemente en el advenimiento de su reino milenario retrospectivo, tanto tiempo anhelado. Ahí estaban las botas de una invasión extranjera pisoteando a Francia; ahí estaban un imperio caído y un Bonaparte prisionero; y ahí estaban ellos otra vez. Evidentemente, la rueda de la historia había marchado hacia atrás, hasta detenerse en la *Chambre introuvable* de 1816. «En las asambleas de la República, de 1848 a 1851, estos elementos habían estado representados por sus cultos y entrenados campeones parlamentarios; ahora irrumpían en escena los soldados de filas del partido, todos los Pourceaugnacs[10] de Francia.»

---

[10] Personaje de una comedia de Molière, que encarna al tipo del pequeño terrateniente obtuso y limitado. *[N. del E.]*

En cuanto esta asamblea de «rurales»[11] se congregó en Burdeos, Thiers expuso con claridad a sus componentes que había que aprobar inmediatamente los preliminares de paz, sin concederles siquiera los honores de un debate parlamentario, única condición bajo la cual Prusia les permitiría iniciar la guerra contra la República y contra París, su baluarte. En realidad, la contrarrevolución no tenía tiempo que perder. El Segundo Imperio había elevado a más del doble la deuda nacional y había sumido a todas las ciudades importantes en deudas municipales gravosísimas. La guerra había aumentado espantosamente las cargas de la nación y había devastado implacablemente sus recursos. Y para completar la ruina, allí estaba el Shylock[12] prusiano, con su factura por el sustento de medio millón de soldados suyos en suelo francés, y con su indemnización de cinco mil millones, más el 5 por ciento de interés por los pagos aplazados. ¿Quién iba a pagar esta cuenta? Sólo derribando violentamente la República podían los monopolizadores de la riqueza confiar en echar sobre los hombros de los productores de ésta las costas de una guerra que ellos, los monopolizadores, habían desencadenado. Y así, la incalculable ruina de Francia estimulaba a estos patrióticos representantes de la tierra y del capital a empalmar, ante los mismos ojos del invasor y bajo su alta tutela, la guerra exterior con una guerra civil, con una rebelión de los esclavistas.

---

[11] La Asamblea Nacional que abrió sus sesiones el 19 de febrero de 1871 en Burdeos estaba formada en su inmensa mayoría por monárquicos (de 750 diputados, 450 lo eran), que fundamentalmente representaban los intereses de los terratenientes y de las capas reaccionarias de la ciudad y del campo. De aquí su nombre de «asamblea rural» o «parlamento de terratenientes». *[N. del E.]*

[12] *Shylock:* tipo de usurero del drama de Shakespeare *El mercader de Venecia*. *[N. del E.]*

En el camino de esta conspiración se alzaba un gran obstáculo: París. El desarme de París era la primera condición para el éxito. Por eso, Thiers le conminó a que entregase las armas. París estaba, además, exasperado por las frenéticas manifestaciones antirrepublicanas de la Asamblea «rural» y por las declaraciones equívocas del propio Thiers sobre el fundamento legal de la República; por la amenaza de decapitar y descapitalizar a París; por el nombramiento de embajadores orleanistas; por las leyes de Dufaure sobre las letras y los alquileres vencidos, que suponían la ruina para el comercio y la industria de París; por el impuesto de dos céntimos creado por Pouyer-Quertier sobre cada ejemplar de todas las publicaciones imaginables; por las sentencias de muerte contra Blanqui y Flourens; por la supresión de los periódicos republicanos; por el traslado de la Asamblea Nacional a Versalles; por la prórroga del estado de sitio proclamado por Palikao, y al que puso fin el 4 de septiembre; por el nombramiento de Vinoy, el héroe de diciembre, como gobernador de París; de Valentin, el gendarme bonapartista, para prefecto de policía y de D'Aurelle de Paladines, el general jesuita, para comandante en jefe de la Guardia Nacional parisina.

Y ahora vamos a hacer una pregunta a M. Thiers y a los caballeros de la defensa nacional, recaderos suyos. Es sabido que, por mediación de M. Pouyer-Quertier, su ministro de Hacienda, Thiers contrató un empréstito de dos mil millones. Ahora bien, ¿es verdad o no

1. que el negocio se estipuló asegurando una comisión de varios cientos de millones para los bolsillos particulares de Thiers, Julio Favre, Ernesto Picard, Pouyer-Quertier y Julio Simon y

2. que no habría que hacer ningún pago hasta *después* de la «pacificación» de París?

En todo caso, debía de haber algo muy urgente en el asunto, pues Thiers y Julio Favre pidieron sin el menor pudor, en nombre de la mayoría de la Asamblea de Burdeos, la inmediata ocupación de París por las tropas prusianas. Pero esto no encajaba en el juego de Bismarck, tal como declaró éste a su regreso a Alemania, irónicamente y sin tapujos, ante los asombrados filisteos de Frankfurt.

II

París armado era el único obstáculo serio que se alzaba en el camino de la conspiración contrarrevolucionaria. Por eso había que desarmar a París. En este punto, la Asamblea de Burdeos era la sinceridad misma. Si los bramidos frenéticos de sus «rurales» no lo hubiesen gritado bastante, habría disipado la última sombra de duda la entrega de París por Thiers en las tiernas manos del triunvirato de Vinoy, el *décembriseur,* Valentin, el gendarme bonapartista y D'Aurelle de Paladines, el general jesuita. Pero, al mismo tiempo que exhibían de un modo insultante su verdadero propósito de desarmar a París, los conspiradores le pedían que entregase las armas con un pretexto que era la más evidente y la más descarada de las mentiras. Thiers alegaba que la artillería de la Guardia Nacional de París pertenecía al Estado y debía serle devuelta. La verdad era ésta: desde el mismo día de la capitulación en que los prisioneros de Bismarck firmaron la entrega de Francia, pero reservándose una nutrida guardia de corps con la intención manifiesta de tener sujeto a París, éste se puso en guardia. La Guardia Nacional se reorganizó y confió su dirección suprema a un Comité Central elegido por todos sus efectivos, con la sola excepción de algunos remanentes de las viejas formaciones bonapartistas. La víspera del día en que entraron los prusianos en París, el Comité Central tomó medidas para trasladar a Montmartre, Belleville y La Villette los cañones y las ametralladoras traidoramente abandonados por los capituladores en los mismos barrios que los prusianos habían de ocupar, o en las inmediaciones de ellos. Estos cañones habían sido adquiridos por suscripción abierta de la Guardia Nacional. Se habían reconocido oficialmente como propiedad privada suya en el pacto de capitulación del 28 de enero y, precisamente por esto, habían sido exceptuados de la entrega general de armas del Gobierno a los conquistadores. ¡Tan carente se hallaba Thiers hasta del más tenue pretexto para abrir las hostilidades contra París, que tuvo que recurrir a la mentira descarada de que la artillería de la Guardia Nacional pertenecía al Estado!

La confiscación de sus cañones estaba destinada, evidentemente, a ser el preludio del desarme general de París y, por tanto, del desarme de la revolución del 4 de septiembre. Pero esta revolución era ahora la forma legal del Estado francés. La República, su obra, fue reconocida por los conquistadores en las cláusulas del pacto de capitulación. Después de la capitulación, fue reconocida también por todas las potencias extranjeras, y la Asamblea Nacional fue convocada en nombre suyo. La revolución obrera de París del 4 de septiembre era el único título legal de la Asamblea Nacional congregada en Burdeos y de su Poder Ejecutivo. Sin ella, la Asamblea Nacional hubiera tenido que dar paso inmediatamente al cuerpo legislativo elegido en 1869 por sufragio universal bajo el gobierno de Francia, y no de Prusia, y disuelto a la fuerza por la revolución. Thiers y sus hombres del *ticket-of-leave* hubieran tenido que rebajarse a pedir un salvoconducto firmado por Luis Bonaparte para librarse de un viaje a Cayena[13]. La Asamblea Nacional, con sus plenos poderes para fijar las condiciones de la paz con Prusia, no era más que un episodio de aquella revolución, cuya verdadera encarnación seguía siendo el París en armas que la había iniciado, que por ella había sufrido un asedio de cinco meses, con todos los horrores del hambre, y que con su resistencia sostenida a pesar del plan de Trochu había sentado las bases para una tenaz guerra de defensa en las provincias. Y París ahora sólo tenía dos caminos: o rendir las armas, siguiendo las órdenes humillantes de los esclavistas amotinados de Burdeos, y reconocer que su revolución del 4 de septiembre no significaba más que un simple traspaso de poderes de Luis Bonaparte a sus rivales monárquicos, o seguir luchando como el campeón abnegado de Francia, cuya salvación de la ruina y cuya regeneración eran imposibles si no se derribaban revolucionariamente las condiciones políticas y sociales que habían engendrado el Segundo Imperio y que, bajo la égida protectora de éste, maduraron hasta la total putrefacción. París, extenuado por cinco meses de hambre, no vaciló ni un instante. Heroicamente, decidió correr todos los riesgos de una resistencia contra los conspiradores franceses, aun con los cañones prusianos amenazándole desde sus propios fuertes. Sin embargo, en su aversión a la guerra civil a la que París había de ser empujado, el Comité Central persistía aún en una actitud meramente defensiva, pese a las provocaciones de la Asamblea, a las usurpaciones del Poder Ejecutivo y a la amenazadora concentración de tropas en París y sus alrededores.

---

[13] Capital de la Guayana Francesa en América del Sur; presidio y lugar de deportación. *[N. del E.]*

Fue Thiers quien abrió la guerra civil al enviar a Vinoy al frente de una multitud de guardias municipales y de algunos regimientos de línea, en expedición nocturna contra Montmartre para apoderarse por sorpresa de los cañones de la Guardia Nacional. Sabido es cómo este intento fracasó ante la resistencia de la Guardia Nacional y la confraternización de las tropas de línea con el pueblo. D'Aurelle de Paladines había mandado imprimir de antemano su boletín cantando la victoria, y Thiers tenía ya preparados los carteles anunciando sus medidas de golpe de Estado. Ahora todo esto hubo de ser sustituido por los llamamientos en que Thiers comunicaba su magnánima decisión de dejar a la Guardia Nacional en posesión de sus armas, con lo cual estaba seguro –decía– de que ésta se uniría al Gobierno contra los rebeldes. De los 300.000 guardias nacionales, solamente 300 respondieron a esta invitación a pasarse al lado del pequeño Thiers contra ellos mismos. La gloriosa revolución obrera del 18 de marzo se adueñó indiscutiblemente de París, y el Comité Central era su Gobierno provisional. Su sensacional actuación política y militar pareció hacer dudar un momento a Europa de si lo que veía era una realidad o sólo sueños de un pasado remoto.

Desde el 18 de marzo hasta la entrada de las tropas versallesas en París, la revolución proletaria estuvo tan exenta de esos actos de violencia en que tanto abundan las revoluciones, y más todavía las contrarrevoluciones de las «clases superiores», que sus adversarios no pudieron denunciar más hechos que la ejecución de los generales Lecomte y Clément Thomas y lo ocurrido en la plaza Vendôme.

Uno de los militares bonapartistas que tomaron parte en la intentona nocturna contra Montmartre, el general

Lecomte, ordenó por cuatro veces al 81.º regimiento de línea que disparase sobre una muchedumbre inerme en la plaza Pigalle y, como las tropas se negaron, las insultó furiosamente. En vez de disparar sobre las mujeres y los niños, sus hombres dispararon sobre él. Naturalmente, las costumbres inveteradas adquiridas por los soldados bajo la educación militar que les imponen los enemigos de la clase obrera no cambian en el preciso momento en que estos soldados se pasan al campo de los trabajadores. Esta misma gente fue la que ejecutó a Clément Thomas.

El «general» Clément Thomas, un antiguo sargento de caballería descontento, se había enrolado, en los últimos tiempos del reinado de Luis Felipe, en la redacción del periódico republicano *Le National,* para prestar allí sus servicios con la doble personalidad de hombre de paja *(gérant responsable)* y de paladín de tan belicoso periódico. Después de la revolución de febrero, entronizados en el poder, los señores de *Le National* convirtieron a este ex sargento de caballería en general, en vísperas de la matanza de junio, de la que él, como Julio Favre, fue uno de los siniestros maquinadores, para convertirse después en uno de los más viles verdugos de los sublevados. Más tarde, desaparecieron él y su generalato durante largo tiempo, para salir de nuevo a la superficie el 1 de noviembre de 1870. El día antes, el Gobierno de la defensa, copado en el Hôtel de Ville, había prometido solemnemente a Blanqui, Flourens y otros representantes de la clase obrera, que dimitiría, poniendo el poder usurpado en manos de la Comuna que habría de elegir libremente París. En vez de hacer honor a su palabra, lanzaron sobre la capital a los bretones de Trochu, que venían a sustituir a los corsos de Bonaparte. Únicamente el general Tamisier se negó a manchar su nombre con aquella violación de la palabra dada y dimitió su puesto de comandante en jefe de la Guardia Nacional. Clément Thomas le substituyó, volviendo otra vez a ser general. Durante todo el tiempo de su mando, no guerreó contra los prusianos, sino contra la Guardia Nacional de París. Impidió que ésta se armase de un modo completo, azuzó a los batallones burgueses contra los batallones obreros, eliminó a los oficiales contrarios al «plan» de Trochu, y disolvió con el estigma de cobardía a aquellos mismos batallones proletarios cuyo heroísmo acaba de llenar de asombro a sus más encarnizados enemigos. Clément Thomas sentíase orgullosísimo de haber reconquistado su preeminencia de junio como enemigo personal de la clase obrera de París. Pocos días antes del 18 de marzo, había sometido a Le Flô, ministro de la Guerra, un plan de su invención, para «acabar con la *fine fleur*[14] de la *canaille* de París». Después de la derrota de Vinoy, sólo pudo salir a la palestra como aficionado de espía. El Comité Central y los obreros de París son tan responsables de la muerte de Clément Thomas y de Lecomte como la princesa de Gales de la suerte que corrieron las personas que perecieron aplastadas entre la muchedumbre el día de su entrada en Londres.

La supuesta matanza de ciudadanos inermes en la plaza Vendôme es un mito que M. Thiers y los «rurales» silenciaron obstinadamente en la Asamblea, confiando su difusión exclusivamente a la turba de criados del periodismo europeo. «Las gentes de orden», los reaccionarios de París, temblaron ante el triunfo del 18 de marzo. Paro ellos, era la señal de la venganza popular que por fin llegaba. Ante sus ojos se alzaron los espectros de las víctimas asesinadas por ellos desde las jornadas de junio de 1848 hasta el 22

---

[14] La crema. *[N. del E.]*

de enero de 1871. Pero su pánico fue su solo castigo. Hasta los guardias municipales, en vez de ser desarmados y encerrados como procedía, tuvieron las puertas de París abiertas de par en par para huir a Versalles y ponerse a salvo. No sólo no se molestó a las gentes de orden, sino que incluso se les permitió reunirse y apoderarse tranquilamente de más de un reducto en el mismo centro de París. Esta indulgencia del Comité Central, esta magnanimidad de los obreros armados que contrastaba tan abiertamente con los hábitos del «partido del orden», fue falsamente interpretada por éste como la simple manifestación de un sentimiento de debilidad. De aquí, su necio plan de intentar, bajo el manto de una manifestación pacífica, lo que Vinoy no había podido lograr con sus cañones y sus ametralladoras. El 22 de marzo, se puso en marcha desde los barrios de lujo un tropel exaltado de personas distinguidas, llevando en sus filas a todos los elegantes petimetres y, a su cabeza, a los contertulios más conocidos del Imperio: los Heeckeren, Coëtlogon, Henri de Pène, etc. Bajo la capa cobarde de una manifestación pacífica, estas bandas, pertrechadas secretamente con armas de matones, se pusieron en orden de marcha, maltrataron y desarmaron a las patrullas y a los puestos de la Guardia Nacional que encontraban a su paso y, al desembocar de la *rue* de la Paix en la plaza Vendôme a los gritos de «¡Abajo el Comité Central! ¡Abajo los asesinos! ¡Viva la Asamblea Nacional!», intentaron arrollar el cordón de puestos de guardia y tomar por sorpresa el cuartel general de la Guardia Nacional. Como contestación a sus tiros de pistola, fueron dados los toques de atención reglamentarios y, como resultaron inútiles, el general de la Guardia Nacional ordenó fuego. Bastó una descarga para poner en fuga precipitada a aquellos estúpidos mequetrefes que esperaban que la simple exhibición de su «porte distinguido» ejercería sobre la revolución de París el mismo efecto que los trompetazos de Josué sobre las murallas de Jericó. Al huir, dejaron tras ellos dos guardias nacionales muertos, nueve gravemente heridos (entre ellos un miembro del Comité Central), y todo el escenario de su hazaña sembrado de revólveres, puñales y bastones de estoque, como prueba de convicción del carácter «inerme» de su manifestación «pacífica». Cuando el 13 de junio de 1849, la Guardia Nacional de París organizó una manifestación realmente pacífica para protestar contra el traidor asalto de Roma por las tropas francesas, Changarnier, a la sazón general del partido del orden, fue aclamado por la Asamblea Nacional, y marcadamente por M. Thiers, como salvador de la sociedad por haber lanzado a sus tropas desde los cuatro costados contra aquellos hombres inermes, por haberlos derribado a tiros y a sablazos, y por haberlos pisoteado con sus caballos. Se decretó entonces en París el estado de sitio. Dufaure hizo que la Asamblea aprobase a toda prisa nuevas leyes de represión. Nuevas detenciones, nuevos destierros: comenzó una nueva era de terror. Pero las clases inferiores hacen esto de otro modo. El Comité Central de 1871 no se ocupó de los héroes de la «manifestación pacífica»; y así, dos días después, podían ya pasar revista ante el almirante Saisset para aquella otra manifestación, ya *armada,* que terminó con la famosa huida a Versalles. En su repugnante aceptación de la guerra civil iniciada por el asalto con nocturnidad que Thiers realizó contra Montmartre, el Comité Central se hizo responsable esta vez de un error decisivo: no marchar inmediatamente sobre Versalles, entonces completamente indefenso, y acabar así con los manejos conspiratorios de Thiers y de sus «rurales». En vez de hacer esto, volvió a permitirse que el partido del orden probase sus fuerzas en las urnas el 26 de marzo, día en que se celebraron las elecciones en la Comuna. Aquel día, en las alcaldías de París, los «hombres del orden» cruzaron blandas palabras de conciliación con sus demasiado generosos vencedores, mientras en su interior hacían el voto solemne de exterminarlos en el momento oportuno.

Veamos ahora el reverso de la medalla. Thiers abrió su segunda campaña contra París a comienzos de abril. La primera remesa de prisioneros parisinos conducidos a Versalles hubo de sufrir indignantes crueldades, mientras Ernesto Picard, con las manos metidas en los bolsillos del pantalón, se paseaba por delante de ellos escarneciéndolos, y *mesdames* Thiers y Favre, en medio de sus damas de honor (?), aplaudían desde los balcones los ultrajes del populacho versallés. Los soldados de los regimientos de línea hechos prisioneros fueron asesinados a sangre fría; nuestro valiente amigo el general Duval, el fundidor, fue fusilado sin la menor apariencia de proceso; Galliffet, el chulo de su mujer, tan famosa por las desvergonzadas exhibiciones que hacía de su cuerpo en las orgías del Segundo Imperio, se jactaba en una proclama de haber mandado asesinar a un puñado de guardias nacionales con su capitán y su teniente, sorprendidos y desarmados por sus cazadores. Vinoy, el fugitivo, fue premiado por Thiers con la Gran Cruz de la Legión de Honor por ordenar fusilar a todos los soldados de línea cogidos en las filas de los federales. Desmarets, el gendarme, fue condecorado por haber descuartizado como un carnicero traidor al magnánimo y caballeroso Flourens, que el 31 de octubre de 1870 había salvado las cabezas de los miembros del Gobierno de la defensa. Thiers, con manifiesta satisfacción, se extendió sobre los «alentadores detalles» de este asesinato en la Asamblea Nacional. Con la inflada vanidad de un pulgarcito parlamentario a quien se le permite representar el papel de un Tamerlán, negaba todo derecho de beligerantes civilizados a los que se rebelaban contra su poquedad, hasta el derecho de la neutralidad para sus hospitales de sangre. Nada más horrible que este mono, ya presentido por Voltaire[15], a quien le fue permitido durante algún tiempo dar rienda suelta a sus instintos de tigre (véanse los apéndices)[16].

Después del decreto dado por la Comuna el 7 de abril, ordenando represalias y declarando que tal era su deber «para proteger a París contra las hazañas canibalescas de los bandidos de Versalles, exigiendo ojo por ojo y diente por diente», Thiers siguió dando a los prisioneros el mismo trato salvaje, y encima insultándolos en sus boletines del modo siguiente: «Jamás la mirada angustiada de hombres honrados ha tenido que posarse sobre semblantes tan degradados de una degradada democracia». Los hombres honrados eran Thiers y sus licenciados de presidio como ministros. No obstante, los fusilamientos de prisioneros cesaron por algún tiempo. Pero, tan pronto como Thiers y sus generales decembristas se convencieron de que aquel decreto de la Comuna sobre las represalias no era más que una amenaza inocua de que se respetaba la vida hasta a sus gendarmes espías detenidos en París con el disfraz de guardias nacionales, hasta a guardias municipales cogidos con granadas incendiarias, entonces los fusilamientos en masa de prisioneros se reanudaron y se prosiguieron sin interrupción hasta el final. Las casas en que se habían refugiado guardias nacionales eran rodeadas por gendarmes, rociadas con petróleo (pri-

---

[15] Véase Voltaire, *Cándido,* capítulo 22. *[N. del E.]*
[16] Véase p. 71 del presente trabajo. *[N. del E.]*

mera vez que se empleaba en esta guerra) y luego incendiadas; los cuerpos carbonizados eran sacados luego por el hospital de sangre de la Prensa situado en Les Ternes. Cuatro guardias nacionales se rindieron a un destacamento de cazadores montados, el 25 de abril, en Belle Épine, pero fueron luego fusilados, uno tras otro, por un capitán, digno discípulo de Galliffet. Scheffer, una de estas cuatro víctimas, a quien se había dado por muerto, llegó arrastrándose hasta las avanzadillas de París y relató este hecho ante una comisión de la Comuna. Cuando Tolain interpeló al ministro de la Guerra acerca del informe de esta comisión, los «rurales» ahogaron su voz y no dejaron a Le Flô contestarle. Hubiera sido un insulto para su «glorioso» ejército hablar de sus hazañas. El tono impertinente con que los boletines de Thiers anunciaron la matanza a bayonetazos de los guardias nacionales sorprendidos durmiendo en Moulin Saquet y los fusilamientos en masa en Clamart alteraron hasta los nervios del *Times* de Londres, que no peca precisamente de exceso de sensibilidad. Pero sería ridículo, hoy, empeñarse en enumerar las simples atrocidades preliminares perpetradas por los que bombardearon París y fomentaron una rebelión esclavista protegida por la invasión extranjera. En medio de todos estos horrores, Thiers, olvidándose de sus lamentaciones parlamentarias sobre la espantosa responsabilidad que pesa sobre sus hombros de enano, se jacta en sus boletines de que *l'Assemblée siège paisiblement* [de que la Asamblea delibera plácidamente], y con sus jolgorios inacabables, unas veces con los generales decembristas y otras veces con los príncipes alemanes, prueba de que su digestión no se ha alterado lo más mínimo, ni siquiera por los espectros de Lecomte y Clément Thomas.

III

Al alborear el 18 de marzo de 1871, París se despertó entre un clamor de gritos de «Vive la Commune!». ¿Qué es la Comuna, esa esfinge que tanto atormenta los espíritus burgueses?

> Los proletarios de París –decía el Comité Central en su manifiesto del 18 de marzo–, en medio de los fracasos y las traiciones de las clases dominantes, se han dado cuenta de que ha llegado la hora de salvar la situación tomando en sus manos la dirección de los asuntos públicos... Han comprendido que es su deber imperioso y su derecho indiscutible hacerse dueños de sus propios destinos, tomando el poder.

Pero la clase obrera no puede limitarse simplemente a tomar posesión de la máquina del Estado tal como está y servirse de ella para sus propios fines.

El poder estatal centralizado, con sus órganos omnipotentes: el ejército permanente, la policía, la burocracia, el clero y la magistratura –órganos creados con arreglo a un plan de división sistemática y jerárquica del trabajo–, proceden de los tiempos de la monarquía absoluta, y sirvieron a la naciente sociedad burguesa como un arma poderosa en sus luchas contra el feudalismo. Sin embargo, su desarrollo se veía entorpecido por toda la basura medieval: derechos señoriales, privilegios locales, monopolios municipales y gremiales, códigos provinciales. La escoba gigantesca de la Revolución francesa del siglo XVIII barrió todas estas reliquias de tiempos pasados, limpiando así, al mismo tiempo, el suelo de la sociedad de los últimos obstáculos que se alzaban ante la superestructura del edificio del Estado moderno, erigido bajo el Primer Imperio que, a su vez, era el fruto de las guerras de coalición de la vieja Europa semifeudal contra la moderna Francia. Durante los regímenes siguientes, el Gobierno, colocado bajo el control del parlamento –es decir, bajo el control directo de las clases poseedoras–, no sólo se convirtió en un vivero de enormes deudas nacionales y de impuestos agobiadores, sino que, con la seducción irresistible de sus cargos, momios y empleos, acabó siendo la manzana de la discordia entre las facciones rivales y los aventureros de las clases dominantes; por otra parte, su carácter político se transformaba a la vez que se operaban los cambios económicos en la sociedad. Al paso que los progresos de la moderna industria desarrollaban, ensanchaban y profundizaban el antagonismo de clase entre el capital y el trabajo, el poder del Estado fue adquiriendo cada vez más el carácter de poder nacional del capital sobre el trabajo, de fuerza pública organizada para la esclavización social y de máquina del despotismo de clase. Después de cada revolución, que marca un paso adelante en la lucha de clases, se acusa con rasgos cada vez más destacados el carácter puramente represivo del poder del Estado. La revolución de 1830, al traducirse en el paso del Gobierno de manos de los terratenientes a manos de los capitalistas, lo que hizo fue transferirlo de los enemigos más remotos a los enemigos más directos de la clase obrera. Los republicanos burgueses, que se adueñaron del poder del Estado en nombre de la revolución de febrero, lo usaron para las matanzas de junio, para probar a la clase obrera que la república «social» es la república que asegura su sumisión social, y para convencer a la masa monárquica de los burgueses y terratenientes de que pueden dejar sin riesgos los cuidados y los gajes del gobierno a los «republicanos» burgueses. Sin embargo, después de su primera y heroica hazaña de junio, los republicanos burgueses tuvieron que pasar de la cabeza a la cola del «partido del orden», coalición formada por todas las fracciones y facciones rivales de la clase apropiadora en su antagonismo, ahora franco y manifiesto, contra las clases productoras. La forma más adecuada para este gobierno por acciones era la república parlamentaria, con Luis Bonaparte por presidente. Fue éste un régimen de franco terrorismo de clase y de insulto deliberado contra la *vile multitude*[17]. Si la república parlamentaria, como decía M. Thiers, era «la que menos les dividía» (a las diversas fracciones de la clase dominante), en cambio abría un abismo entre esta clase y el conjunto de la sociedad situado fuera de sus escasas filas. Su unión venía a eliminar las restricciones que sus discordias imponían al poder del Estado bajo regímenes anteriores y, ante la amenaza de un alzamiento del proletariado, se sirvieron del poder del Estado, sin piedad y con ostentación, como de una máquina nacional de guerra del capital contra el trabajo. Pero esta cruzada ininterrumpida contra las masas productoras les obligaba, no sólo a revestir al Poder Ejecutivo de facultades de represión cada vez mayores, sino, al mismo tiempo, a despojar a su propio baluarte parlamentario –la Asamblea Nacional–, uno por uno, de todos sus medios de defensa contra el Poder Ejecutivo. Hasta que éste, en la persona de Luis Bonaparte, les dio un puntapié. El fruto natural de la república del «partido del orden» fue el Segundo Imperio.

El Imperio, con el golpe de Estado por fe de bautismo, el sufragio universal por sanción y la espada por cetro, declaraba apoyarse en los campesinos, amplia masa de pro-

---

[17] La vil muchedumbre. *[N. del E.]*

ductores no envuelta directamente en la lucha entre el capital y el trabajo. Decía que salvaba a la clase obrera destruyendo el parlamentarismo y, con él, la descarada sumisión del Gobierno a las clases poseedoras. Decía que salvaba a las clases poseedoras manteniendo en pie su supremacía económica sobre la clase obrera y, finalmente, pretendía unir a todas las clases resucitando para todos la quimera de la gloria nacional. En realidad, era la única forma de gobierno posible, en un momento en que la burguesía había perdido ya la facultad de gobernar el país y la clase obrera no la había adquirido aún. El Imperio fue aclamado de un extremo a otro del mundo como el salvador de la sociedad. Bajo su égida, la sociedad burguesa, libre de preocupaciones políticas, alcanzó un desarrollo que ni ella misma esperaba. Su industria y su comercio cobraron proporciones gigantescas; la especulación financiera celebró orgías cosmopolitas; la miseria de las masas destacaba sobre la ostentación desvergonzada de un lujo suntuoso, falso y envilecido. El poder del Estado, que aparentemente flotaba por encima de la sociedad, era, en realidad, el mayor escándalo de ella y el auténtico vivero de todas sus corrupciones. Su podredumbre y la podredumbre de la sociedad a la que había sacado a flote fueron puestas al desnudo por la bayoneta de Prusia, que ardía a su vez en deseos de trasladar la sede suprema de este régimen de París a Berlín. El imperialismo es la forma más prostituida y al mismo tiempo la forma última de aquel poder estatal que la sociedad burguesa naciente había comenzado a crear como medio para emanciparse del feudalismo, y que la sociedad burguesa adulta acabó transformando en un medio para la esclavización del trabajo por el capital.

La antítesis directa del Imperio era la Comuna. El grito de «república social», con que la revolución de febrero fue anunciada por el proletariado de París, no expresaba más que el vago anhelo de una república que no acabase sólo con la forma monárquica de la dominación de clase, sino con la propia dominación de clase. La Comuna era la forma positiva de esta república.

París, sede central del viejo poder gubernamental y, al mismo tiempo, baluarte social de la clase obrera de Francia, se había levantado en armas contra el intento de Thiers y los «rurales» de restaurar y perpetuar aquel viejo poder que les había sido legado por el Imperio. Y si París pudo resistir fue únicamente porque, a consecuencia del asedio, se había deshecho del ejército, sustituyéndolo por una Guardia Nacional, cuyo principal contingente lo formaban los obreros. Ahora se trataba de convertir este hecho en una institución duradera. Por eso, el primer decreto de la Comuna fue el de suprimir el ejército permanente y sustituirlo por el pueblo armado.

La Comuna estaba formada por los consejeros municipales elegidos por sufragio universal en los diversos distritos de la ciudad. Eran responsables y revocables en todo momento.

La mayoría de sus miembros eran, naturalmente, obreros o representantes reconocidos de la clase obrera. La Comuna no había de ser un organismo parlamentario, sino una corporación de trabajo, ejecutiva y legislativa al mismo tiempo. En vez de continuar siendo un instrumento del Gobierno central, la policía fue despojada inmediatamente de sus atributos políticos y convertida en instrumento de la Comuna, responsable ante ella y revocable en todo momento. Lo mismo se hizo con los funcionarios de las demás ramas de la Administración. Desde los miembros de la Comuna para abajo, todos los que desempeñaban cargos públicos debían desempeñarlos con salarios de obreros. Los intereses creados y los gastos de representación de los altos dignatarios del Estado desaparecieron con los altos dignatarios mismos. Los cargos públicos dejaron de ser propiedad derivada de los testaferros del Gobierno central. En manos de la Comuna se pusieron no solamente la Administración municipal, sino toda la iniciativa llevada hasta entonces por el Estado.

Una vez suprimidos el ejército permanente y la policía, que eran los elementos de la fuerza física del antiguo Gobierno, la Comuna tomó medidas inmediatamente para destruir la fuerza espiritual de represión, el «poder de los curas», decretando la separación de la Iglesia del Estado y la expropiación de todas las iglesias como corporaciones poseedoras. Los curas fueron devueltos al retiro de la vida privada, a vivir de las limosnas de los fieles, como sus antecesores, los apóstoles. Todas las instituciones de enseñanza fueron abiertas gratuitamente al pueblo y, al mismo tiempo, emancipadas de toda intromisión de la Iglesia y del Estado. Así, no sólo se ponía la enseñanza al alcance de todos, sino que la propia ciencia se redimía de las trabas a las que la tenían sujeta los prejuicios de clase y el poder del Gobierno.

Los funcionarios judiciales debían perder aquella fingida independencia que sólo había servido para disfrazar su abyecta sumisión a los sucesivos gobiernos, ante los cuales iban prestando y violando sucesivamente el juramento de fidelidad. Igual que los demás funcionarios públicos, los magistrados y los jueces habían de ser funcionarios electos, responsables y revocables.

Como es lógico, la Comuna de París debía de servir de modelo a todos los grandes centros industriales de Francia. Una vez establecido en París, y en los centros secundarios el régimen comunal, el antiguo Gobierno centralizado tendría que dejar paso también en provincias al gobierno de los productores por los productores. En el breve esbozo de organización nacional que la Comuna no tuvo tiempo de desarrollar, se dice claramente que ésta habría de ser la forma política que revistiese hasta la aldea más pequeña del país, y que en los distritos rurales el ejército permanente habría de ser remplazado por una milicia popular, con un plazo de servicio extraordinariamente corto. Las comunas rurales de cada distrito administrarían sus asuntos colectivos por medio de una asamblea de delegados en la capital del distrito correspondiente y estas asambleas, a su vez, enviarían diputados a la Asamblea Nacional de delegados de París, entendiéndose que todos los delegados serían revocables en todo momento, y se hallarían obligados por el mandato imperativo (instrucciones) de sus electores. Las pocas pero importantes funciones que aún quedarían para un Gobierno central no se suprimirían, como se ha dicho, intentando falsear la verdad, sino que serían desempeñadas por agentes comunales y, por tanto, estrictamente responsables. No se trataba de destruir la unidad de la nación sino, por el contrario, de organizarla mediante un régimen comunal, convirtiéndola en una realidad al destruir el poder del Estado, que pretendía ser la encarnación de aquella unidad independiente y situada por encima de la nación misma, en cuyo cuerpo no era más que una excrecencia parasitaria. Mientras que los órganos puramente represivos del viejo poder estatal debían ser amputados, sus funciones legítimas debían ser arrancadas a una autoridad que usurpaba una posición preeminente sobre la sociedad misma, para restituirla a los servidores responsables de esta sociedad. En vez de decidir una vez cada tres o seis años qué miembros de la clase dominante han de representar y aplastar al pueblo en el parlamento, el sufragio universal habría de servir al pueblo organizado en comunas, como el sufragio individual sirve a los patronos que buscan obreros y administradores para sus negocios. Y es bien sabido que lo mismo las compañías que los particulares, cuando se trata de negocios, saben generalmente colocar a cada hombre en el puesto que le corresponde y, si alguna vez se equivocan, reparan su error con presteza. Por otra parte, nada podía ser más ajeno al espíritu de la Comuna que sustituir el sufragio universal por una investidura jerárquica.

Generalmente, las creaciones históricas completamente nuevas están destinadas a que se las tome por una reproducción de formas viejas e incluso difuntas de la vida social, con las cuales pueden presentar cierta semejanza. Así, esta nueva Comuna, que viene a destruir el poder estatal moderno, se ha confundido con una reproducción de las comunas medievales, que primero precedieron a ese mismo Estado y luego le sirvieron de base. El régimen comunal se ha tomado erróneamente por un intento de fraccionar en una federación de pequeños Estados, como la soñaban Montesquieu y los girondinos, aquella unidad de las grandes naciones que, si en sus orígenes fue instaurada por la violencia, hoy se ha convertido en un factor poderoso de la producción social. El antagonismo entre la Comuna y el poder del Estado se ha presentado equivocadamente como una forma exagerada de la vieja lucha contra el excesivo centralismo. Circunstancias históricas peculiares pueden, en otros países, haber impedido el desarrollo clásico de la forma burguesa de gobierno al modo francés y haber permitido, como en Inglaterra, completar en la ciudad los grandes órganos centrales del Estado con asambleas parroquiales *(vestries)* corruptas, concejales concesionarios y feroces administradores de la beneficencia y, en el campo, con jueces virtualmente hereditarios. El régimen comunal habría devuelto al organismo social todas las fuerzas que hasta entonces venía absorbiendo el Estado parásito, que se nutre a expensas de la sociedad y entorpece su libre movimiento. Con este solo hecho habría iniciado la regeneración de Francia. La burguesía provinciana de Francia veía en la Comuna un intento para restaurar el predominio que ella había ejercido sobre el campo bajo Luis Felipe y que, bajo Luis Napoleón, había sido suplantado por el supuesto predominio del campo sobre la ciudad. En realidad, el régimen comunal colocaba a los productores del campo bajo la dirección ideológica de las capitales de sus distritos, ofreciéndoles aquí, en los obreros de la ciudad, los representantes naturales de sus intereses. La sola existencia de la Comuna implicaba, como algo evidente, un régimen de autonomía local, pero ya no como contrapeso a un poder estatal que ahora era superfluo. Sólo en la cabeza de un Bismarck que, cuando no está metido en sus intrigas de sangre y hierro, gusta de volver a su antigua ocupación, que tan bien cuadra a su calibre mental, de colaborador del *Kladderadatsch* [el *Punch* de Berlín][18]. Sólo en una cabeza como ésa podía caber el achacar a la Comuna de París la aspiración de reproducir aquella caricatura de la organización municipal francesa de 1791 que es la organización municipal de Prusia, donde la administración de las ciudades queda rebajada al papel de simple engranaje secundario de la maquinaria policíaca del Estado prusiano. La Comuna convirtió en una realidad ese

---

[18] *Kladderadatsch,* revista satírica alemana fundada en Berlín en 1848. *Punch,* revista satírica inglesa que empezó a publicarse en Londres en 1841. *[N. del T.]*

tópico de todas las revoluciones burguesas, que es «un gobierno barato», al destruir las dos grandes fuentes de gastos: el ejército permanente y la burocracia del Estado. Su sola existencia presuponía la no existencia de la monarquía que, en Europa, al menos, es el lastre normal y el disfraz indispensable de la dominación de clase. La Comuna dotó a la República de una base de instituciones realmente democráticas. Pero, ni el gobierno barato, ni la «verdadera república», constituían su meta final; no eran más que fenómenos concomitantes.

La variedad de interpretaciones a que ha sido sometida la Comuna, y la variedad de intereses que le han interpretado a su favor, demuestran que era una forma política perfectamente flexible, a diferencia de las formas anteriores de gobierno, que habían sido todas fundamentalmente represivas. He aquí su verdadero secreto: la Comuna era, esencialmente, un gobierno de la clase obrera, fruto de la lucha de la clase productora contra la clase apropiadora, la forma política al fin descubierta para llevar a cabo dentro de ella la emancipación económica del trabajo.

Sin esta última condición, el régimen comunal habría sido una imposibilidad y una impostura. La dominación política de los productores es incompatible con la perpetuación de su esclavitud social. Por tanto, la Comuna había de servir de palanca para extirpar los cimientos económicos sobre los que descansa la existencia de las clases y, por consiguiente, la dominación de clase. Emancipado el trabajo, todo hombre se convierte en trabajador, y el trabajo productivo deja de ser un atributo de clase.

Es un hecho extraño. A pesar de todo lo que se ha hablado y se ha escrito con tanta profusión durante los últimos sesenta años acerca de la emancipación del trabajo, apenas en algún sitio los obreros toman resueltamente la cosa en sus manos, vuelve a resonar de pronto toda la fraseología apologética de los portavoces de la sociedad actual, con sus dos polos de capital y esclavitud asalariada (hoy, el terrateniente no es más que el socio comanditario del capitalista), como si la sociedad capitalista se hallase todavía en su estado más puro de inocencia virginal, con sus antagonismos todavía en germen, con sus engaños todavía encubiertos, con sus prostituidas realidades todavía sin desnudar. La Comuna, exclaman, pretende abolir la propiedad, base de toda civilización. Sí, caballeros, la Comuna pretendía abolir esa propiedad de clase que convierte el trabajo de muchos en la riqueza de unos pocos. La Comuna aspiraba a la expropiación de los expropiadores. Quería convertir la propiedad individual en una realidad, transformando los medios de producción, la tierra y el capital, que hoy son fundamentalmente medios de esclavización y de explotación del trabajo, en simples instrumentos de trabajo libre y asociado. ¡Pero eso es el comunismo, el «irrealizable» comunismo! Sin embargo, los individuos de las clases dominantes que son lo bastante inteligentes para darse cuenta de la imposibilidad de que el actual sistema continúe –y no son pocos– se han erigido en los apóstoles molestos y chillones de la producción cooperativa. Ahora bien, si la producción cooperativa ha de ser algo más que una impostura y un engaño, si ha de substituir al sistema capitalista, si las sociedades cooperativas unidas han de regular la producción nacional con arreglo a un plan común, tomándola bajo su control y poniendo fin a la constante anarquía y a las convulsiones periódicas, consecuencias inevitables de la producción capitalista, ¿qué será eso entonces, caballeros, más que comunismo, comunismo «realizable»?

La clase obrera no esperaba de la Comuna ningún milagro. Los obreros no tienen ninguna utopía lista para implantarla *par décret du peuple*[19]. Saben que para conseguir su propia emancipación, y con ella esa forma superior de vida hacia la que tiende irresistiblemente la sociedad actual por su propio desarrollo económico, tendrán que pasar por largas luchas, por toda una serie de procesos históricos, que transformarán las circunstancias y los hombres. Ellos no tienen que realizar ningunos ideales, sino simplemente dar rienda suelta a los elementos de la nueva sociedad que la vieja sociedad burguesa agonizante lleva en su seno. Plenamente conciente de su misión histórica y heroicamente resuelta a obrar con arreglo a ella, la clase obrera puede mofarse de las burdas invectivas de los lacayos de la pluma, y de la protección pedantesca de los doctrinarios burgueses bien intencionados, que vierten sus ignorantes vulgaridades y sus fantasías sectarias con un tono sibilino de infalibilidad científica.

Cuando la Comuna de París tomó en sus propias manos la dirección de la revolución; cuando, por primera vez en la historia, los simples obreros se atrevieron a violar el monopolio de gobierno de sus «superiores naturales» y, en circunstancias de una dificultad sin precedentes, realizaron su labor de un modo modesto, concienzudo y eficaz, con sueldos el más alto de los cuales apenas representaba una quinta parte de la suma que según una alta autoridad científica* es el sueldo mínimo del secretario de un consejo escolar de Londres, el viejo mundo se retorció en convulsiones de rabia ante el espectáculo de la Bandera Roja, símbolo de la república del trabajo, ondeando sobre el Hôtel de Ville.

---

[19] Por decreto del pueblo. *[N. del E.]*
* Se refiere al profesor Huxley. *[N. de la edición alemana de 1871.]*

Y, sin embargo, ésta era la primera revolución en que la clase obrera fue abiertamente reconocida como la única clase capaz de iniciativa social, incluso por la gran masa de la clase media parisina –tenderos, artesanos, comerciantes–, con la sola excepción de los capitalistas ricos. La Comuna los salvó mediante una sagaz solución de la constante fuente de discordias dentro de la misma clase media: el conflicto entre acreedores y deudores[20]. Estos mismos elementos de la clase media, después de haber colaborado en el aplastamiento de la insurrección obrera de junio de 1848, habían sido sacrificados sin miramiento a sus acreedores por la Asamblea Constituyente de entonces. Pero no fue éste el único motivo que les llevó a apretar sus filas en torno a la clase obrera. Sentían que habían de escoger entre la Comuna y el Imperio, cualquiera que fuese el rótulo bajo el que éste resucitase. El Imperio los había arruinado económicamente con su dilapidación de la riqueza pública, con las grandes estafas financieras que fomentó, y con el apoyo prestado a la centralización artificialmente acelerada del capital, que suponía la expropiación de muchos de sus componentes. Los había suprimido políticamente, y los había irritado moralmente con sus orgías; había herido su volterianismo al confiar la educación de sus hijos a los *frères ignorantins*[21], y había sublevado su sentimiento nacional de franceses al lanzarlos precipitadamente a una guerra que sólo ofreció una compensación para todos los desastres que había causado la caída del Imperio. En efecto, tan pronto huyó de París la alta «bohemia» bonapartista y capitalista, el auténtico partido del or-

---

[20] El 18 de abril, la Comuna publicó un decreto que prorrogaba por tres años el pago de las deudas. *[N. del E.]*
[21] Frailes ignorantes. *[N. del E.]*

den de la clase media surgió bajo la forma de Unión, se colocó bajo la bandera de la Comuna, y se puso a defenderla contra las desfiguraciones malévolas de Thiers. El tiempo dirá si la gratitud de esta gran masa de la clase media va a resistir las duras pruebas de estos momentos.

La Comuna tenía toda la razón cuando decía a los campesinos: «Nuestro triunfo es vuestra única esperanza». De todas las mentiras incubadas en Versalles y difundidas por los ilustres mercenarios de la prensa europea, una de las más tremendas era la de que los «rurales» representaban al campesinado francés. ¡Figuraos el amor que sentirían los campesinos de Francia por los hombres a quienes después de 1815 se les obligaría a pagar los mil millones de indemnización! A los ojos del campesino francés, la sola existencia de grandes terratenientes es ya una usurpación de sus conquistas de 1789. En 1848, la burguesía gravó su parcela de tierra con el impuesto adicional de 45 céntimos por franco pero, entonces, lo hizo en nombre de la revolución, en cambio, ahora, fomentaba una guerra civil en contra de ésta, para echar sobre las espaldas de los campesinos la carga principal de los cinco mil millones de indemnización que había que pagar a los prusianos. En cambio, la Comuna declaraba en una de sus primeras proclamas que los costes de la guerra habían de ser pagadas por los verdaderos causantes de ella. La Comuna habría redimido al campesino de la contribución de sangre, le habría dado un gobierno barato, habría convertido a los que hoy son sus vampiros —el notario, el abogado, el agente ejecutivo y otros dignatarios judiciales que le chupan la sangre— en empleados comunales asalariados, elegidos por él y responsables ante él mismo. Le habría librado de la tiranía del guarda jurado, del gendarme y del prefecto; la ilustración por el maestro de escuela hubiera ocupado el lugar del embrutecimiento por el cura. Y el campesino francés es, ante todo y sobre todo, un hombre calculador. Le habría parecido extremadamente razonable que la paga del cura, en vez de serle arrancada a él por el recaudador de contribuciones, dependiese exclusivamente de los sentimientos religiosos de los feligreses: tales eran los grandes beneficios que el régimen de la Comuna –y sólo él– brindaba como cosa inmediata a los campesinos franceses. Huelga, por tanto, detenerse a examinar los problemas más complicados, pero vitales, que sólo la Comuna era capaz de resolver –y que al mismo tiempo estaba obligada a resolver– en favor de los campesinos, a saber: la deuda hipotecaria, que pesaba como una maldición sobre su parcela; el proletariado del campo, que crecía constantemente, y el proceso de su expropiación de la parcela que cultivaba, cada vez más acelerado en virtud del desarrollo de la agricultura moderna y de la competencia de la producción agrícola capitalista.

El campesino francés eligió a Luis Bonaparte presidente de la República, pero fue el partido del orden el que creó el Imperio. Lo que el campesino francés quería realmente comenzó a demostrarlo él mismo en 1849 y 1850, al oponer su alcalde al prefecto del Gobierno, su maestro de escuela al cura del Gobierno y su propia persona al gendarme del Gobierno. Todas las leyes promulgadas por el partido del orden en enero y febrero de 1850 fueron medidas descaradas de represión contra el campesino. El campesino era bonapartista porque la gran revolución, con todos los beneficios que le había conquistado, se personificaba para él en Napoleón. Pero esta quimera, que se iba esfumando rápidamente bajo el Segundo Imperio (y que era, por naturaleza, contraria a los «rurales»), este prejuicio del pasado, ¿cómo hubiera podido hacer frente a la apelación de la Comuna a los intereses vitales y las necesidades más apremiantes de los campesinos?

Los «rurales» –tal era, en realidad, su principal preocupación– sabían que tres meses de libre contacto del París de la Comuna con las provincias bastarían para desencadenar una sublevación general de campesinos; de aquí su prisa por establecer el bloqueo policíaco de París para impedir que la epidemia se propagase.

La Comuna era, pues, la verdadera representación de todos los elementos sanos de la sociedad francesa y, por consiguiente, el auténtico Gobierno nacional. Pero, al mismo tiempo, como gobierno obrero y como campeón intrépido de la emancipación del trabajo, era un gobierno internacional en el pleno sentido de la palabra. Ante los ojos del ejército prusiano, que había anexionado a Alemania dos provincias francesas, la Comuna anexionó a Francia los obreros del mundo entero.

El Segundo Imperio había sido el jubileo de la estafa cosmopolita; los estafadores de todos los países habían acudido corriendo a su llamada para participar en sus orgías y en el saqueo del pueblo francés. Y todavía hoy la mano derecha de Thiers es Ganesco, el granuja valaco, y su mano izquierda Markovski, el espía ruso. La Comuna concedió a todos los extranjeros el honor de morir por una causa inmortal. Entre la guerra exterior, perdida por su traición, y la guerra civil, fomentada por su conspiración con el invasor extranjero, la burguesía encontraba tiempo para dar pruebas de patriotismo, organizando batidas policiacas contra los alemanes residentes en Francia. La Comuna nombró a un obrero alemán su ministro del Trabajo. Thiers, la burguesía, el Segundo Imperio, habían engañado constantemente a Polonia con ostentosas manifestaciones de simpatía, mientras en realidad la traicionaban por los intereses de Rusia, a la que prestaban los más sucios servicios. La Comuna honró a los heroicos hijos de Polonia, colocándolos a la cabeza de los defensores de París. Y, para marcar nítidamente la nueva era histórica que concientemente inauguraba, la Comuna, ante los ojos de los conquistadores prusianos de una parte, y del ejército bonapartista mandado por generales bonapartistas de otra, echó abajo aquel símbolo gigantesco de la gloria guerrera que era la Columna de Vendôme.

La gran medida social de la Comuna fue su propia existencia, su labor. Sus medidas concretas expresaban la línea de conducta de un gobierno del pueblo por el pueblo. Entre ellas se cuentan la abolición del trabajo nocturno para los obreros panaderos y la prohibición, bajo penas, de la habitual práctica entre los patronos de mermar los salarios imponiendo a sus obreros multas bajo los más diversos pretextos, proceso este en el que el patrón se adjudica las funciones de legislador, juez y agente ejecutivo y, además, se embolsa el dinero. Otra medida de este género fue la entrega a las asociaciones obreras, a reserva de indemnización, de todos los talleres y fábricas cerrados. Daba lo mismo si sus respectivos patronos habían huido que si habían optado por parar el trabajo.

Las medidas financieras de la Comuna, notables por su sagacidad y moderación, hubieron de limitarse necesariamente a lo que era compatible con la situación de una ciudad sitiada. Teniendo en cuenta el patrocinio gigantesco desencadenado sobre la ciudad de París por las grandes empresas financieras, y los contratistas de obras bajo la tutela de Haussmann*, la Comuna habría tenido títulos in-

---

* El barón de Haussmann fue, durante el Segundo Imperio, prefecto del departamento del Sena, es decir, de la ciudad de París. Realizó

comparablemente mejores para confiscar sus bienes que Luis Napoleón para confiscar los de la familia de Orleáns. Los Hohenzollern y los oligarcas ingleses, una buena parte de cuyos bienes provenían del saqueo de la Iglesia, pusieron naturalmente el grito en el cielo cuando la Comuna sacó de la secularización 8.000 míseros francos.

Mientras el Gobierno de Versalles apenas recobró un poco de ánimo y de fuerzas, empleaba contra la Comuna las medidas más violentas; mientras ahogaba la libre expresión del pensamiento por toda Francia, hasta el punto de prohibir las asambleas de delegados de las grandes ciudades; mientras sometía a Versalles y al resto de Francia a un espionaje que dejaba en mantillas al del Segundo Imperio; mientras quemaba, por medio de sus inquisidores-gendarmes, todos los periódicos publicados en París, y violaba toda la correspondencia que procedía de la capital o iba dirigida a ella; mientras, en la Asamblea Nacional, los más tímidos intentos de aventurar una palabra en favor de París eran ahogados con unos aullidos a los que no había llegado ni la *Chambre introuvable* de 1816; con la guerra salvaje de los versalleses fuera de París y sus tentativas de corrupción y conspiración dentro, ¿podía la Comuna, sin traicionar ignominiosamente su causa, guardar todas las formas y las apariencias de liberalismo, como si gobernase en tiempos de serena paz? Si el Gobierno de la Comuna se hubiera parecido al de M. Thiers, no habría habido más base para suprimir en París los periódicos del partido del orden que para suprimir en Versalles los periódicos de la Comuna.

---

una serie de obras para modificar el plano de París, con el fin de facilitar la lucha contra las insurrecciones de los obreros. *[N. para la traducción rusa publicada bajo la redacción de V. Lenin.]*

Era verdaderamente indignante para los «rurales» que, en el mismo momento en que ellos preconizaban como único medio de salvar a Francia la vuelta al seno de la Iglesia, la incrédula Comuna descubriera los misterios del convento de monjas de Picpus y de la iglesia de Saint Laurent. Y era una burla para M. Thiers que, mientras él hacía llover grandes cruces sobre los generales bonapartistas para premiar su maestría en el arte de perder batallas, firmar capitulaciones y liar cigarrillos en Wilhelmshöhe[22], la Comuna destituyera y arrestara a sus generales a la menor sospecha de negligencia en el cumplimiento del deber. La expulsión de su seno y la detención por la Comuna de uno de sus miembros, que se había deslizado por ella bajo nombre supuesto, y que en Lyon había sufrido un arresto de seis días por simple quiebra, ¿no era un deliberado insulto para el falsificador Julio Favre, todavía a la sazón ministro de Negocios Extranjeros de Francia, y que seguía vendiendo su país a Bismarck y dictando órdenes a aquel incomparable Gobierno de Bélgica? La verdad es que la Comuna no pretendía tener el don de la infalibilidad, que se atribuían sin excepción todos los gobiernos a la vieja usanza. Publicaba sus hechos y sus dichos y daba a conocer al público todas sus faltas.

En todas las revoluciones, al lado de los verdaderos revolucionarios, figuran hombres de otra naturaleza. Algunos de ellos son supervivientes de revoluciones pasadas, que conservan su devoción por ellas, sin visión del movimiento actual, pero dueños todavía de su influencia sobre el pue-

---

[22] *Wilhelmshöhe* (cerca de Cassel). Castillo de los reyes de Prusia, donde estuvo el ex emperador Napoleón III como prisionero de los prusianos desde el 5 de septiembre de 1870 hasta el 10 de marzo de 1871. *[N. del E.]*

blo por su reconocida honradez y valentía, o simplemente por la fuerza de la tradición; otros, simples charlatanes que, a fuerza de repetir año tras año las mismas declamaciones estereotipadas contra el gobierno del día, se han agenciado de contrabando una reputación de revolucionados de pura cepa. Después del 18 de marzo salieron también a la superficie los nombres de éstos, y en algunos casos lograron desempeñar papeles preeminentes. En la medida en que su poder se lo permitía, entorpecieron la verdadera acción de la clase obrera, lo mismo que otros de su especie entorpecieron el desarrollo completo de todas las revoluciones anteriores. Constituyen un mal inevitable; con el tiempo se les quita de en medio; pero a la Comuna no le fue dado disponer de tiempo.

Maravilloso en verdad fue el cambio operado por la Comuna en París. De aquel París prostituido del Segundo Imperio no quedaba ni rastro. Ya no era el lugar de cita de terratenientes ingleses, absentistas irlandeses, ex esclavistas y rastacueros norteamericanos, ex propietarios rusos de siervos y boyardos de Valaquia. Ya no había cadáveres en el depósito, ni asaltos nocturnos, ni apenas hurtos; por primera vez, desde los días de febrero de 1848, se podía transitar seguro por las calles de París, y eso que no había policía de ninguna clase. «Ya no se oye hablar —decía un miembro de la Comuna— de asesinatos; robos y atracos; diríase que la policía se ha llevado consigo a Versalles a todos sus amigos conservadores.» Las cocotas habían encontrado el rastro de sus protectores, fugitivos hombres de la familia, de la religión y, sobre todo, de la propiedad. En su lugar, volvían a salir a la superficie las auténticas mujeres de París, heroicas, nobles y abnegadas como las de la antigüedad. París trabajaba y pensaba, luchaba y daba su sangre; radiante en el entusiasmo de su iniciativa histórica, dedicado a forjar una sociedad nueva, casi se olvidaba de los caníbales que tenía a las puertas.

Frente a este mundo nuevo de París, se alzaba el mundo viejo de Versalles; aquella asamblea de legitimistas y orleanistas, vampiros de todos los regímenes difuntos, ávidos de nutrirse de los despojos de la nación, con su cola de republicanos antediluvianos, que sancionaban con su presencia en la Asamblea el motín de los esclavistas, confiando el mantenimiento de su república parlamentaria a la vanidad del viejo saltimbanqui que la presidía, y caricaturizando la revolución de 1789 con la celebración de sus reuniones de espectros en el Jeu de Paume*. Así era esta Asamblea, representación de todo lo muerto de Francia, sólo mantenida en una apariencia de vida por los sables de los generales de Luis Bonaparte. París, todo verdad, y Versalles, todo mentira, una mentira que salía de los labios de Thiers.

«Les doy a ustedes mi palabra, a la que jamás he faltado», dice Thiers a una comisión de alcaldes del departamento de Seine-et-Oise. A la Asamblea Nacional le dice que «es la Asamblea más libremente elegida y más liberal que en Francia ha existido»; dice a su abigarrada soldadesca, que es «la admiración del mundo y el mejor ejército que jamás ha tenido Francia»; dice a las provincias que el bombardeo de París llevado a cabo por él es un mito: «Si se han disparado algunos cañonazos, no ha sido por el ejército de Versalles, sino por algunos insurrectos empeñados en hacernos creer que luchan, cuando en realidad no se atreven a asomar la cara». Poco después, dice a las pro-

---

* Frontón donde la Asamblea Nacional de 1789 adoptó su célebre decisión. *[N. de la edición alemana de 1871.]*

vincias que «la artillería de Versalles no bombardea a París, sino que simplemente lo cañonea». Dice al arzobispo de París que las pretendidas ejecuciones y represalias (!) atribuidas a las tropas de Versalles son puras mentiras. Dice a París que sólo ansía «liberarlo de los horribles tiranos que le oprimen» y que el París de la Comuna no es, en realidad, «más que un puñado de criminales».

El París de M. Thiers no era el verdadero París de la «vil muchedumbre», sino un París fantasma, el París de los *franc-fileurs*[23], el París masculino y femenino de los bulevares, el París rico, capitalista; el París dorado, el París ocioso, que ahora corría en tropel a Versalles, a Saint-Denis, a Rueil y a Saint-Germain, con sus lacayos, sus estafadores, su bohemia literaria y sus cocotas. El París para el que la guerra civil no era más que un agradable pasatiempo, el que veía las batallas por un anteojo de larga vista, el que contaba los estampidos de los cañonazos y juraba por su honor y el de sus prostitutas que aquella función era mucho mejor que las que representaban en Porte Saint-Martin. Allí, los que caían eran muertos de verdad, los gritos de los heridos eran de verdad también, y además, ¡todo era tan intensamente histórico!

Éste es el París del señor Thiers, como el mundo de los emigrados de Coblenza era la Francia del señor de Calonne.

IV

La primera tentativa de la conspiración de los esclavistas para sojuzgar a París logrando su ocupación por los

---

[23] Mote puesto por el pueblo a los que huían del París asediado. *[N. del E.]*

prusianos fracasó ante la negativa de Bismarck. La segunda tentativa, la del 18 de marzo, acabó con la derrota del ejército y la huida a Versalles del Gobierno, que ordenó a todo el aparato administrativo que abandonase sus puestos y le siguiese en la huida. Mediante la simulación de negociaciones de paz con París, Thiers ganó tiempo para preparar la guerra contra la capital. Pero ¿de dónde sacaría un ejército? Los restos de los regimientos de línea eran escasos en numero e inseguros en cuanto a moral. Su llamamiento apremiante a las provincias para que acudiesen en ayuda de Versalles con sus guardias nacionales y sus voluntarios tropezó con una negativa en redondo. Sólo Bretaña mandó a luchar bajo una bandera blanca a un puñado de chuanes[24], con un corazón de Jesús en tela blanca sobre el pecho y gritando *Vive le Roi!* [¡Viva el rey!]. Thiers se vio, por tanto, obligado a reunir a toda prisa una turba abigarrada, compuesta por marineros, soldados de infantería de marina, zuavos pontificios, gendarmes de Valentín y guardias municipales y confidentes de Pietri. Pero este ejército habría sido ridículamente ineficaz sin la incorporación de los prisioneros de guerra imperiales que Bismarck fue entregando a plazos en cantidad suficiente para mantener viva la guerra civil, y para tener al Gobierno de Versalles en abyecta dependencia con respecto a Prusia. Durante la propia guerra, la policía versallesa tenía que vigilar al ejército de Versalles, mientras que los gendarmes tenían que arrastrarlo a la lucha, colocándose ellos siem-

---

[24] *Chuanes.* Así los comuneros llamaban, durante la Comuna de París, a un destacamento del ejército de Versalles reclutado en Bretaña, de sentimientos monárquicos, al igual que los participantes en la rebelión contrarrevolucionaria en el noroeste de Francia, en tiempos de la revolución burguesa francesa de fines del siglo XVIII. *[N. del E.]*

pre en los puestos de peligro. Los fuertes que cayeron no fueron conquistados, sino comprados. El heroísmo de los federales convenció a Thiers de que, para vencer la resistencia de París, no bastaban su genio estratégico ni las bayonetas de las que disponía.

Entretanto, sus relaciones con las provincias se hacían cada vez más difíciles. No llegaba un solo mensaje de adhesión para estimular a Thiers y a sus «rurales». Muy al contrario, recibían de todas partes diputaciones y mensajes pidiendo, en un tono que tenía de todo menos de respetuoso, la reconciliación con París sobre la base del reconocimiento inequívoco de la República, el reconocimiento de las libertades comunales y la disolución de la Asamblea Nacional, cuyo mandato había expirado ya. Estos mensajes afluían en tal número, que en su circular dirigida el 23 de abril a los fiscales, Dufaure, ministro de Justicia de Thiers, ordenó considerar como un crimen «el llamamiento a la conciliación». No obstante, en vista de las perspectivas desesperadas que se abrían ante su campaña militar, Thiers se decidió a cambiar de táctica, ordenando que el 30 de abril se celebrasen elecciones municipales en todo el país, sobre la base de la nueva ley municipal dictada por él mismo a la Asamblea Nacional. Utilizando, según los casos, las intrigas de sus prefectos y la intimidación policíaca, estaba completamente seguro de que el resultado de la votación en provincias le permitiría ungir a la Asamblea Nacional con aquel poder moral que jamás había tenido, y obtener por fin de las provincias la fuerza material que necesitaba para la conquista de París.

Thiers se preocupó desde el primer momento de combinar su guerra de bandidaje contra París –glorificada en sus propios boletines– y las tentativas de sus ministros para instaurar de un extremo a otro de Francia el reinado del terror, con una pequeña comedia de conciliación, que había de servirle para más de un fin. Trataba con ello de engañar a las provincias, de seducir a la clase media de París y, sobre todo, de brindar a los pretendidos republicanos de la Asamblea Nacional la oportunidad de esconder su traición contra París detrás de su fe en Thiers. El 21 de marzo, cuando aún no disponía de un ejército, Thiers declaraba ante la Asamblea: «Pase lo que pase, jamás enviaré tropas contra París». El 27 de marzo, intervino de nuevo para decir: «Me he encontrado con la República como un hecho consumado y estoy firmemente decidido a mantenerla». En realidad, en Lyon y en Marsella[25] aplastó la revolución en nombre de la República, mientras en Versalles los bramidos de sus «rurales» ahogaban la simple mención de su nombre. Después de esta hazaña, rebajó el «hecho consumados» a la categoría de hecho hipotético. A los príncipes de Orleáns, que Thiers había alejado de Burdeos por precaución, se les permitía ahora intrigar en Dreux, lo cual era una violación flagrante de la ley. Las concesiones prometidas por Thiers, en sus interminables entrevistas con los delegados de París y provincias, aunque variaban constantemente de tono y de color según el tiempo y las circunstancias, se reducían siempre, en el fondo, a la promesa de que su venganza se limitaría al «puñado de criminales complicados en los asesinatos de Lecomte y Clément Thomas»; bien entendido que bajo la condición de que París y Francia aceptasen sin reservas al señor Thiers como la mejor de

---

[25] Poco después del 18 de marzo de 1871, estallaron en Lyon y Marsella movimientos revolucionarios cuyo fin era proclamar la Comuna. Ambos movimientos fueron aplastados por el gobierno de Thiers. *[N. del E.]*

las repúblicas posibles, como él había hecho en 1830 con Luis Felipe. Pero hasta estas mismas concesiones, no sólo se cuidaba de ponerlas en tela de juicio mediante los comentarios oficiales que hacía a través de sus ministros en la Asamblea, sino que, además, tenía a su Dufaure para actuar. Éste, viejo abogado orleanista, había sido el Poder Judicial supremo de todos los estados de sitio, lo mismo ahora, en 1871, bajo Thiers, que en 1839, bajo Luis Felipe, y que en 1849, bajo la presidencia de Luis Bonaparte. Durante su cesantía de ministro, había reunido una fortuna defendiendo los pleitos de los capitalistas de París y había acumulado un capital político pleiteando contra las leyes elaboradas por él mismo. Ahora, no contento con hacer que la Asamblea Nacional votase a toda prisa una serie de leyes de represión que, después de la caída de París, habían de servir para extirpar los últimos vestigios de las libertades republicanas en Francia, trazó de antemano la suerte que había de correr París al abreviar los trámites de los Tribunales de Guerra, que aún le parecían demasiado lentos, y al presentar una nueva ley draconiana de deportación. La revolución de 1848, cuando abolió la pena de muerte para los delitos políticos, la sustituyó por la deportación. Luis Bonaparte no se atrevió, por lo menos en teoría, a restablecer el régimen de la guillotina. Y la Asamblea de los «rurales», que aún no se atrevía ni a insinuar que los parisinos no eran rebeldes, sino asesinos, no tuvo más remedio que limitarse, en la venganza que preparaba contra París, a la nueva ley de deportaciones de Dufaure. Bajo todas estas circunstancias, Thiers no hubiera podido seguir representando su comedia de conciliación, si esta comedia no hubiese arrancado, como él precisamente quería, gritos de rabia entre los «rurales», cuyas cabezas rumiantes no podían comprender la farsa, ni todo lo que la farsa exigía en cuanto a hipocresía, tergiversación y dilaciones.

Ante la proximidad de las elecciones municipales del 30 de abril, el día 27 Thiers representó una de sus grandes escenas conciliatorias. En medio de un torrente de retórica sentimental, exclamó desde la tribuna de la Asamblea:

> La única conspiración que hay contra la República es la de París, que nos obliga a derramar sangre francesa. No me cansaré de repetirlo: ¡que aquellas manos suelten las armas infames que empuñan y el castigo se detendrá inmediatamente por un acto de paz del que sólo quedará excluido un puñado de criminales!

Y como los «rurales» le interrumpieran violentamente, replicó:

> Decidme, señores, os lo suplico, si estoy equivocado. ¿De veras deploráis que yo haya podido declarar aquí que los criminales no son en verdad más que un puñado? ¿No es una suerte, en medio de nuestras desgracias, que quienes fueron capaces de derramar la sangre de Clément Thomas y del general Lecomte sólo representan raras excepciones?

Sin embargo, Francia no escuchó aquellos discursos que Thiers creía cantos de sirena parlamentaria. De los 700.000 concejales elegidos en los 35.000 municipios que aún conservaba Francia, los legitimistas, orleanistas y bonapartistas coligados no obtuvieron siquiera 8.000. Las diferentes votaciones complementarias arrojaron resultados aún más hostiles. De este modo, en vez de sacar de las provincias la fuerza material que tanto necesitaba, la Asamblea perdía hasta su último título de fuerza moral: el de ser expresión del sufragio universal de la nación. Para rematar la derrota, los ayuntamientos recién elegidos amenazaron a la asamblea usurpadora de Versalles con convocar una contraasamblea en Burdeos.

Por fin había llegado para Bismarck el tan esperado momento de lanzarse a la acción decisiva. Ordenó perentoriamente a Thiers que mandase a Frankfurt plenipotenciarios para sellar definitivamente la paz. Obedeciendo humildemente a la llamada de su señor, Thiers se apresuró a enviar a su fiel Julio Favre, asistido por Pouyer-Quertier. Pouyer-Quertier, «eminente» hilandero de algodón de Ruán, ferviente y hasta servil partidario del Segundo Imperio, jamás había descubierto en éste ninguna falta, fuera de su tratado comercial con Inglaterra, atentatorio para los intereses de su propio negocio. Apenas instalado en Burdeos como ministro de Hacienda de Thiers, denunció este «nefasto» tratado, sugirió su pronta derogación y tuvo incluso el descaro de intentar, aunque en vano (pues echó sus cuentas sin Bismarck), el inmediato restablecimiento de los antiguos aranceles protectores contra Alsacia, donde, según él, no existía el obstáculo de ningún tratado internacional anterior. Este hombre, que veía en la contrarrevolución un medio para rebajar los salarios en Ruán, y en la entrega a Prusia de las provincias francesas un medio para subir los precios de sus artículos en Francia, ¿no era éste el *hombre* predestinado para ser elegido por Thiers, en su última y culminante traición, como digno auxiliar de Julio Favre?

A la llegada a Frankfurt de esta magnífica pareja de plenipotenciarios, el brutal Bismarck los recibió con este dilema categórico: «¡O la restauración del Imperio, o la aceptación sin reservas de mis condiciones de paz!». Entre estas condiciones entraba la de acortar los plazos en que había de pagarse la indemnización de guerra y la prórroga de la ocupación de los fuertes de París por las tropas prusianas, mientras Bismarck no estuviese satisfecho con el estado de cosas reinante en Francia. De este modo, Prusia era reconocida como supremo árbitro de la política interior francesa. A cambio de esto, ofrecía soltar, para que exterminase a París, al ejército bonapartista que tenía prisionero y prestarle el apoyo directo de las tropas del emperador Guillermo. Como muestra de su buena fe, se prestaba a que el pago del primer plazo de la indemnización se subordinase a la «pacificación» de París. Huelga decir que Thiers y sus plenipotenciarios se apresuraron a tragar esta sabrosa carnada. El tratado de paz fue firmado por ellos el 10 de mayo y ratificado por la Asamblea de Versalles el 18 del mismo mes.

En el intervalo entre la conclusión de la paz y la llegada de los prisioneros bonapartistas, Thiers se creyó tanto más obligado a reanudar su comedia de reconciliación cuanto que los republicanos, sus instrumentos, estaban apremiantemente necesitados de un pretexto que les permitiese cerrar los ojos a los preparativos para la carnicería de París. Todavía el 8 de mayo contestaba a una comisión de conciliadores pequeñoburgueses: «Tan pronto como los insurrectos se decidan a capitular, las puertas de París se abrirán de par en par durante una semana para todos, con la sola excepción de los asesinos de los generales Clément Thomas y Lecomte».

Pocos días después, interpelado violentamente por los «rurales» acerca de estas promesas, se negó a entrar en ningún género de explicaciones; pero no sin hacer esta alusión significativa: «Os digo que entre vosotros hay hombres impacientes, hombres que tienen demasiada prisa. Que aguarden otros ocho días; al cabo de ellos, el peligro habrá pasado y la tarea será proporcionada a su valentía y a su capacidad». Tan pronto como Mac-Mahon pudo garantizarle que dentro de poco podría entrar en París, Thiers declaró ante la Asamblea que «entraría en París con la *ley* en la mano y exigiendo una expiación cumplida a los miserables que habían sacrificado vidas de soldados y destruido monumentos públicos». Al acercarse el momento decisivo, dijo a la Asamblea Nacional: «¡Seré implacable!» a París, que no había salvación para él; y a sus bandidos bonapartistas que se les daba carta blanca para vengarse de París a discreción. Por último, cuando el 21 de mayo la traición abrió las puertas de la ciudad al general Douay, Thiers pudo descubrir el día 22 a los «rurales» el «objetivo» de su comedia de reconciliación, que tanto se habían obstinado en no comprender: «Os dije hace pocos días que nos estábamos acercando a *nuestro objetivo;* hoy vengo a deciros que *el objetivo* está alcanzado. ¡El triunfo del orden, de la justicia y de la civilización está conseguido por fin!».

Así era. La civilización y la justicia del orden burgués aparecen en todo su siniestro esplendor dondequiera que los esclavos y los parias de este orden osan rebelarse contra sus señores. En tales momentos, esa civilización y esa justicia se muestran como lo que son: salvajismo descarado y venganza sin ley. Cada nueva crisis que se produce en la lucha de clases entre los productores y los apropiadores hace resaltar este hecho con mayor claridad. Hasta las atrocidades cometidas por la burguesía en junio de 1848 palidecen ante la infamia indescriptible de 1871. El heroísmo abnegado con que la población de París –hombres, mujeres y niños– luchó por espacio de ocho días después de la entrada de los versalleses en la ciudad refleja la grandeza de su causa, como las hazañas infernales de la soldadesca reflejan el espíritu innato de esa civilización de la que es el brazo vengador y mercenario. ¡Gloriosa civilización ésta, cuyo gran problema estriba en saber cómo desprenderse de los montones de cadáveres hechos por ella después de haber cesado la batalla!

Para encontrar un paralelo con la conducta de Thiers y de sus perros de presa, hay que remontarse a los tiempos de Sila y de los dos triunviratos romanos. Las mismas matanzas en masa a sangre fría; el mismo desdén en la matanza para la edad y el sexo; el mismo sistema de torturar a los prisioneros, las mismas proscripciones pero ahora de toda una clase; la misma batida salvaje contra los jefes escondidos, para que ni uno solo se escape; las mismas delaciones de enemigos políticos y personales; la misma indiferencia ante la matanza de personas completamente ajenas a la contienda. No hay más que una diferencia, y es que los romanos no disponían de ametralladoras para despachar a los proscritos en masa y que no actuaban «con la ley en la mano» ni con el grito de «civilización» en los labios.

Y tras estos horrores, volvamos la vista a otro aspecto todavía más repugnante de esa civilización burguesa, tal como su propia prensa lo describe.

> Mientras a lo lejos –escribe el corresponsal parisino de un periódico conservador de Londres– se oyen todavía disparos sueltos y entre las tumbas del cementerio del Père Lachaise agonizan infelices heridos abandonados; mientras 6.000 insurrectos aterrados vagan en una agonía de desesperación en el laberinto de las catacumbas y por las calles se ven todavía infelices llevados a rastras para ser segados en masa por las ametralladoras, resulta indignante ver los cafés llenos de bebedores de ajenjo y

de jugadores de billar y de dominó; ver cómo las mujeres del vicio deambulan por los bulevares y oír cómo el estrépito de las orgías en los reservados de los restaurantes distinguidos turba el silencio de la noche.

M. Edouard Hervé escribe en el *Journal de Paris,* periódico versallés suprimido por la Comuna:

> El modo cómo la población de París (I) manifestó ayer su satisfacción era más que frívolo, y tememos que esto se agrave con el tiempo. París presenta ahora un aire de día de fiesta lamentablemente poco apropiado. Si no queremos que nos llamen los «parisinos de la decadencia», debemos poner término a tal estado de cosas.

Y a continuación cita el pasaje de Tácito:

> Y sin embargo, a la mañana siguiente de aquella horrible batalla y aun antes de haberse terminado, Roma, degradada y corrompida, comenzó a revolcarse de nuevo en la charca de voluptuosidad que destruía su cuerpo y encenagaba su alma –*alibi proelia et vulnera, alibi balnea popinaeque* [aquí combates y heridas, allí baños y festines]–.

El señor Hervé sólo se olvida de aclarar que la «población de París» de que él habla es, exclusivamente, la población del París del señor Thiers: «los *francs-fileurs* que volvían en tropel de Versalles, de Saint Denis, de Rueil y de Saint Germain, el París "de la decadencia"».

En cada uno de sus triunfos sangrientos sobre los abnegados paladines de una sociedad nueva y mejor, esta infame civilización, basada en la esclavización del trabajo, ahoga los gemidos de sus víctimas en un clamor salvaje de calumnias, que encuentran eco en todo el orbe. Los perros de presa del «orden» transforman de pronto en un infierno el sereno París obrero de la Comuna. ¿Y qué es lo que demuestra este tremendo cambio a las mentes burguesas de todos los países? Demuestra sencillamente que la Comuna se ha amotinado contra la civilización. El pueblo de París, lleno de entusiasmo, muere por la Comuna en número no igualado por ninguna batalla de la historia. ¿Qué demuestra esto? Demuestra, sencillamente, que la Comuna no era el gobierno propio del pueblo, sino la usurpación del poder por un puñado de criminales. Las mujeres de París dan alegremente sus vidas en las barricadas y ante los pelotones de ejecución. ¿Qué demuestra esto? Demuestra, sencillamente, que el demonio de la Comuna las ha convertido en Megeras y Hécates. La moderación de la Comuna durante los dos meses de su dominación indisputada sólo es igualada por el heroísmo de su defensa. ¿Qué demuestra esto? Demuestra, sencillamente, que durante varios meses la Comuna ocultó cuidadosamente bajo una careta de moderación y de humanidad la sed de sangre de sus instintos satánicos, para darle rienda suelta en la hora de su agonía.

En el momento del heroico holocausto de sí mismo, el París obrero envolvió en llamas edificios y monumentos. Cuando los esclavizadores del proletariado descuartizan su cuerpo vivo, no deben seguir abrigando la esperanza de retornar en triunfo a los muros intactos de sus casas. El Gobierno de Versalles grita: «Incendiarios!», y susurra esta consigna a todos sus agentes, hasta en la aldea más remota, para que acosen a sus enemigos por todas partes como incendiarios profesionales. La burguesía del mundo entero, que asiste con complacencia a la matanza en masa después de la lucha, se estremece de horror ante la profanación del ladrillo y la argamasa.

Cuando los gobiernos dan a sus flotas de guerra carta blanca para «matar, *quemar* y destruir», ¿dan o no carta blanca a incendiarios? Cuando las tropas británicas prenden fuego alegremente al capitolio de Washington o al palacio de verano del emperador de China ¿son o no son incendiarias? Cuando los prusianos, no por razones militares, sino por mero espíritu de venganza, hacen arder con ayuda del petróleo poblaciones enteras como Châteaudun e innumerables aldeas, ¿son o no son incendiarios? Cuando Thiers bombardea a París durante seis semanas, bajo el pretexto de que sólo quiere pegar fuego a las casas en que hay gente, ¿era o no era incendiario? En la guerra, el fuego es un arma tan legítima como cualquier otra. Los edificios ocupados por el enemigo se bombardean para prenderlos fuego. Y si sus defensores se ven obligados a evacuarlos, ellos mismos los incendian, para evitar que los atacantes se resguarden en ellos. El ser pasto de las llamas ha sido siempre el destino ineludible de los edificios situados en el frente de combate de todos los ejércitos regulares del mundo. ¡Pero he aquí que en la guerra de los esclavizados contra los esclavizadores –la única guerra justificada de la historia– este argumento ya no es válido en absoluto! La Comuna se sirvió del fuego pura y exclusivamente como medio de defensa. Lo empleó para cortar el avance de las tropas de Versalles por aquellas avenidas largas y rectas que Haussmann había abierto expresamente para el fuego de la artillería; lo empleó para cubrir la retirada, del mismo modo que los versalleses, al avanzar, emplearon sus granadas que destruyeron, por lo menos, tantos edificios como el fuego de la Comuna. Todavía no se sabe a ciencia cierta qué edificios fueron incendiados por los defensores y cuáles por los atacantes. Y los defensores no recurrieron al fuego hasta que las tropas versallesas no habían comenzado su matanza en masa de prisioneros. Además, la Comuna había anunciado públicamente, desde hacía mucho tiempo, que, empujada al extremo, se enterraría entre las ruinas de París y haría de esta capital un segundo Moscú; cosa que el Gobierno de la defensa había prometido también hacer, claro que sólo como disfraz, para encubrir su traición. Trochu había preparado el petróleo necesario para esta eventualidad. La Comuna sabía que a sus enemigos no les importaban las vidas del pueblo de París, pero que en cambio les importaban mucho los edificios parisinos de su propiedad. Por otra parte, Thiers había hecho ya saber que sería implacable en su venganza. Apenas vio de un lado a su ejército en orden de batalla y del otro a los prusianos cerrando la salida, exclamó: «¡Seré inexorable! ¡El castigo será completo y la justicia severa!». Si los actos de los obreros de París fueron de vandalismo, era el vandalismo de la defensa desesperada, no uno de triunfo, como aquel del que los cristianos dieron prueba al destruir los tesoros artísticos, realmente inestimables, de la antigüedad pagana. Pero incluso este vandalismo ha sido justificado por los historiadores como un accidente inevitable y relativamente insignificante, en comparación con aquella lucha titánica entre una sociedad nueva que surgía y otra vieja que se derrumbaba. Y aun menos se parecía al vandalismo de un Haussmann que arrasó el París histórico para dejar sitio al París de los ociosos.

Pero ¿y la ejecución por la Comuna de los sesenta y cuatro rehenes, con el arzobispo de París a la cabeza? La burguesía y su ejército restablecieron en junio de 1848 una costumbre que había desaparecido desde hacía largo tiempo de las prácticas guerreras: la de fusilar a sus prisioneros indefensos. Desde entonces, esta costumbre brutal ha encontrado la adhesión más o menos estricta de todos los aplastadores de conmociones populares en Europa y en la India, demostrando con ello que constituye un verdadero «progreso de la civilización». Por otra parte, los prusianos restablecieron en Francia la práctica de tomar rehenes; personas inocentes a quienes se hacía responder con sus vidas de los actos de otros. Cuando Thiers, como hemos visto, puso en práctica desde el primer momento la humana costumbre de fusilar a los federales prisioneros, la Comuna, para proteger sus vidas, viose obligada a recurrir a la práctica prusiana de tomar rehenes. A estos rehenes los habían hecho ya reos de muerte repetidas veces los incesantes fusilamientos de prisioneros por las tropas versallesas. ¿Quién podía seguir guardando sus vidas después de la carnicería con que los pretorianos[26] de MacMahon celebraron su entrada en París? ¿Había de convertirse también en una burla la última medida –la toma de rehenes– con que se aspiraba a contener el salvajismo desenfrenado de los gobiernos burgueses? El verdadero asesino del arzobispo Darboy es Thiers. La Comuna propuso repetidas veces el canje del arzobispo y de otro montón de clérigos por un solo prisionero, Blanqui, que Thiers tenía entonces en sus garras. Y Thiers se negó tenazmente. Sabía que con Blanqui daba a la Comuna una cabeza y que el arzobispo serviría mejor a sus fines como cadáver. Thiers seguía aquí las huellas de Cavaignac. ¿Acaso, en junio de 1848, Cavaignac y sus hombres del orden no habían lanzado gritos de horror, estigmatizando a los insurrectos como asesinos del arzobispo Affre? Y ellos sabían

---

[26] Aquí se llama «pretorianos» al ejército de los versalleses. *[N. del E.]*

perfectamente que el arzobispo había sido fusilado por las tropas del partido del orden. Jacquemet, vicario general del arzobispo que había asistido a la ejecución, se lo había asegurado inmediatamente después de ocurrir ésta.

Todo este coro de calumnias, que el partido del orden, en sus orgías de sangre, no deja nunca de alzar contra sus víctimas, sólo demuestra que el burgués de nuestros días se considera el legítimo heredero del antiguo señor feudal, para quien todas las armas eran buenas contra los plebeyos, mientras que, en manos de éstos, toda arma constituía por sí sola un crimen.

La conspiración de la clase dominante para aplastar la revolución por medio de una guerra civil montada bajo el patronato del invasor extranjero –conspiración que hemos ido siguiendo desde el mismo 4 de septiembre hasta la entrada de los pretorianos de Mac-Mahon por la puerta de Saint-Cloud– culminó en la carnicería de París. Bismarck se deleita ante las ruinas de París, en las que ha visto tal vez el primer paso de aquella destrucción general de las grandes ciudades que había sido su sueño dorado cuando no era más que un simple «rural» en los escaños de la *Chambre Introuvable* prusiana de 1849. Se deleita ante los cadáveres del proletariado de París. Para él, esto no es sólo el exterminio de la revolución, es además el aniquilamiento de Francia, que ahora queda decapitada de veras, y por obra del propio Gobierno francés. Con la superficialidad que caracteriza a todos los estadistas afortunados, no ve más que el aspecto externo de este formidable acontecimiento histórico. ¿Cuándo había brindado la historia el espectáculo de un conquistador que coronaba su victoria convirtiéndose, no ya en el gendarme, sino en el sicario del Gobierno vencido? Entre Prusia y la Comuna de París no había guerra. Por el contrario, la Comuna había aceptado los preliminares de paz, y Prusia se había declarado neutral; Prusia no era, por tanto, beligerante. Desempeñó el papel de un matón: de un matón cobarde, puesto que no arrastraba ningún peligro; y de un matón a sueldo, porque se había estipulado de antemano que el pago de sus 500 millones tenidos en sangre no sería hecho hasta después de la caída de París. De este modo, se revelaba, por fin, el verdadero carácter de la guerra, de aquella guerra ordenada por la providencia como castigo de la impía y corrompida Francia por la muy moral y piadosa Alemania. Y esta violación sin precedentes del derecho de las naciones, incluso en la interpretación de los juristas del viejo mundo, en vez de poner en pie a los gobiernos «civilizados» de Europa para declarar fuera de la ley internacional al felón Gobierno prusiano, simple instrumento del Gobierno de San Petersburgo, les incita únicamente a preguntarse ¡si las pocas víctimas que consiguen escapar por entre el doble cordón que rodea a París no deberán ser entregadas también al verdugo de Versalles!

El hecho sin precedentes de que, en la guerra más tremenda de los tiempos modernos, el ejército vencedor y el vencido confraternicen en la matanza común del proletariado no representa, como cree Bismarck, el aplastamiento definitivo de la nueva sociedad que avanza, sino el desmoronamiento completo de la sociedad burguesa. La empresa más heroica que aún puede acometer la vieja sociedad es la guerra nacional. Y ahora viene a demostrarse que ésta no es más que una añagaza de los gobiernos destinada a aplazar la lucha de clases, y de la que se prescinde tan pronto como esta lucha estalla en forma de guerra civil. La dominación de clase ya no se puede disfrazar bajo el uniforme nacional; todos los gobiernos nacionales son *uno solo* contra el proletariado.

Después del domingo de Pentecostés de 1871, ya no puede haber paz ni tregua posible entre los obreros de Francia y los que se apropian el producto de su trabajo. El puño de hierro de la soldadesca mercenaria podrá tener sujetas, durante cierto tiempo, a estas dos clases, pero la lucha volverá a estallar, una y otra vez en proporciones crecientes. No puede caber duda sobre quién será a la postre el vencedor: si los pocos que viven del trabajo ajeno o la Inmensa mayoría que trabaja. Y la clase obrera francesa no es más que la vanguardia del proletariado moderno.

Los gobiernos de Europa, mientras atestiguan así ante París, el carácter internacional de su dominación de clase, braman contra la Asociación Internacional de los Trabajadores –la contraorganización internacional del trabajo frente a la conspiración cosmopolita del capital–, como la fuente principal de todos estos desastres. Thiers la denunció como déspota del trabajo que pretende ser su libertador. Picard ordenó que se cortasen todos los enlaces entre los internacionales franceses y los del extranjero. El conde de Jaubert, una momia que fue cómplice de Thiers en 1835, declara que el exterminio de la Internacional es el gran problema de todos los gobiernos civilizados. Los «rurales» braman contra ella, y la prensa europea se agrega unánimemente al coro. Un escritor francés honrado, absolutamente ajeno a nuestra asociación, se expresa en los siguientes términos:

> Los miembros del Comité Central de la Guardia Nacional, así como la mayor parte de los miembros de la Comuna, son las cabezas más activas, inteligentes y enérgicas de la Asociación Internacional de los Trabajadores... Hombres absolutamente honrados, sinceros, in-

teligentes, abnegados, puros y fanáticos en el *buen* sentido de la palabra.

Naturalmente, las cabezas burguesas, con su contextura policíaca, se representan a la Asociación Internacional de los Trabajadores como una especie de conspiración secreta con un organismo central que ordena, de vez en cuando, explosiones en diferentes países. En realidad, nuestra Asociación no es más que el lazo internacional que une a los obreros más avanzados de los diversos países del mundo civilizado. Dondequiera que la lucha de clases alcance cierta consistencia, sean cuales fueren la forma y las condiciones en que el hecho se produzca, es lógico que los miembros de nuestra Asociación aparezcan en la vanguardia. El terreno de donde brota nuestra Asociación es la propia sociedad moderna. No es posible exterminarla, por grande que sea la carnicería. Para hacerlo, los gobiernos tendrían que exterminar el despotismo del capital sobre el trabajo, base de su propia existencia parasitaria.

El París de los obreros, con su Comuna, será eternamente ensalzado como heraldo glorioso de una nueva sociedad. Sus mártires tienen su santuario en el gran corazón de la clase obrera. Y a sus exterminadores la historia los ha clavado ya en una picota eterna, de la que no lograrán redimirlos todas las preces de su *clerigalla*.

Londres, 30 de mayo de 1871

Apéndices

I

La columna de prisioneros se detuvo en la avenida Uhrich y fue formada, de cuatro o cinco en fondo, en la acera, dando vista a la calle. El general marqués de Galliffet y su Estado Mayor bajaron de los caballos y empezaron a pasar revista de izquierda a derecha. El general andaba lentamente, observando las filas; de vez en cuando, se detenía y tocaba a un prisionero en el hombro, o lo llamaba con un movimiento de cabeza si estaba en las filas de atrás. En la mayoría de los casos, los seleccionados por este procedimiento, sin más trámites, eran colocados en medio de la calle, donde formaron en seguida una pequeña columna aparte... La posibilidad de error era, evidentemente, considerable. Un oficial montado señaló al general Galliffet a un hombre y una mujer como culpables de algún crimen. La mujer salió corriendo de la fila, se puso de rodillas y, con los brazos abiertos, protestó de su inocencia en términos de gran emoción. El general aguardó unos instantes y luego, con rostro impasible, y sin moverse, dijo: «Madame, conozco todos los teatros de París: no se moleste usted en hacer comedias...» *[ce n'est pas la peine de jouer la comé-*

die...]. Aquel día era poco conveniente para nadie ser ostensiblemente más alto, más sucio, más limpio, más viejo o más feo que sus vecinos. Un hombre con la nariz partida llamó mi atención, y en seguida comprendí que debía a este detalle el verse liberado aceleradamente de nuestro valle de lágrimas... De este modo, fueron seleccionados más de cien; se destacó un pelotón de ejecución y la columna siguió su marcha dejándoles atrás. A los pocos minutos, comenzó a nuestra espalda un fuego intermitente, que duró más de un cuarto de hora. Estaban ejecutando a aquellos desgraciados, condenados tan sumarísimamente.

(Corresponsal del *Daily News* en París, 8 de junio.)

A este Galliffet, «el chulo de su mujer, tan famosa por las desvergonzadas exhibiciones de su cuerpo en las orgías del Segundo Imperio», se le conocía durante la guerra con el nombre de «Alférez Pistola» francés.

El *Temps*[27], que es un periódico prudente y poco dado al sensacionalismo, relata una historia escalofriante de gentes a medio fusilar y enterradas todavía con vida. En la plaza de Saint Jacques-de-la-Boucherie fue enterrado un gran número de personas, algunas de ellas muy superficialmente. Durante el día, el ruido de la calle no permitía oír nada, pero en el silencio de la noche los vecinos de las casas circundantes se despertaron al oír gemidos lejanos, y por la mañana se vio saliendo del suelo una mano crispada. A consecuencia de esto, se ordenó que se desenterrasen los cadáveres... Que muchos heri-

---

[27] Influyente diario burgués que se publicó en París desde 1881 hasta 1943. *[N. del E.]*

dos fueron enterrados con vida es cosa que no me ofrece la menor duda: hay un caso del que puedo responder personalmente. El 24 de mayo fue fusilado Brunel con su amante en el patio de una casa de la plaza Vendôme, donde estuvieron tirados sus cuerpos hasta la tarde del 27. Cuando por fin vinieron a retirar los cadáveres, vieron que la mujer aún tenía vida y la llevaron a un hospitalillo. Aunque había recibido cuatro balazos, está ya fuera de peligro.

(Corresponsal del *Evening Standard* en París, 8 de junio.)

II

La siguiente carta apareció en el *Times*[28] de Londres el 13 de junio.

Al director del *Times:*

Muy señor mío: El 6 de junio de 1871, M. Julio Favre envió una circular a todos los gobiernos de Europa, pidiendo la persecución a muerte de la Asociación Internacional de los Trabajadores. Unas pocas observaciones bastarán para dar a conocer el carácter de este documento.

En el preámbulo de nuestros Estatutos se declara que la Internacional fue fundada el 28 de septiembre de 1864 en una Asamblea pública celebrada en Saint Martin's Hall, Long Acre, en Londres. Por razones que él cono-

---

[28] Influyente periódico inglés fundado en 1788. Entre 1870 y 1880 su orientación fue liberal. *[N. del E.]*

ce mejor que nadie, Julio Favre sitúa su origen más allá del año 1862.

Para ilustrar sobre nuestros principios, pretende citar «su impreso (de la Internacional) del 25 de marzo de 1869». ¿Y qué es lo que cita? Un impreso de una Asociación que no es la Internacional. Él ya empleaba esta clase de maniobras cuando, siendo aún un abogado bastante joven, defendía al periódico parisino *National* contra la demanda por calumnia entablada por Cabet. Entonces simulaba leer citas de los folletos de Cabet, cuando en realidad lo que leía eran párrafos de su propia cosecha en el texto. Pero esta superchería fue desenmascarada ante el Tribunal en pleno y, si Cabet no hubiera sido tan indulgente, Favre hubiese sido expulsado del Colegio de Abogados de París. De todos los documentos que él cita como propios de la Internacional, ni uno solo lo es. Así, afirma: «La Alianza se declara atea –dice el Consejo General constituido en Londres, en julio de 1869–». El Consejo General jamás ha publicado semejante documento. Por el contrario, publicó uno que anulaba los estatutos originales de la *Alianza –L'Alliance de la Démocratie Socialiste* de Ginebra– citados por Julio Favre.

En toda su circular, que en parte pretende también estar dirigida contra el Imperio, Julio Favre, para atacar a la Internacional, no hace más que repetir las fábulas policíacas de los fiscales del Imperio. Fábulas tan pobres que hasta se venían abajo ante los propios tribunales bonapartistas.

Es sabido que el Consejo General de la Internacional, en sus dos manifiestos (de julio y septiembre del año pasado) sobre la guerra de entonces, denunciaba los planes de conquista de Prusia contra Francia. Después de esto, el señor Reitlinger, secretario particular de Julio Favre, se dirigió (en vano, naturalmente) a algunos miembros del Consejo General para que el Consejo preparase una manifestación antibismarckiana y a favor del Gobierno de la defensa nacional. Se les rogaba encarecidamente no hacer la menor mención de la República. Los preparativos para una manifestación cuando se esperaba la llegada de Julio Favre a Londres fueron hechos –seguramente con la mejor intención– contra la voluntad del Consejo General que, en su manifiesto del 9 de septiembre, previno claramente a los trabajadores de París contra Favre y sus colegas.

¿Qué le parecería a Julio Favre si, por su parte, el Consejo General de la Internacional enviase una circular sobre Julio Favre a todos los gobiernos de Europa, llamando su atención sobre los documentos publicados en París por el difunto señor Millière?

Suyo S.S.

John Hales

Secretario del Consejo General de la Asociación Internacional de los Trabajadores.

Londres, 12 de junio de 1871.

En un artículo sobre «La Asociación Internacional y sus fines», el *Spectator* londinense (del 24 de junio), en calidad de pío denunciante, tiene, entre otras habilidades de este género, la de citar, aun más ampliamente que Favre, el mencionado documento de la Alianza como si fuera de la Internacional. Y esto, once días después de la publicación en el *Times* de la anterior rectificación. La cosa no puede extrañarnos. Ya decía Federico el Grande que de todos los jesuitas los peores son los protestantes*.

---

* Escrito por C. Marx en abril-mayo de 1871 y aprobado el 30 de mayo en sesión del Consejo General de la Asociación Internacional de los Trabajadores. Publicado por vez primera el mismo año en Londres en folleto aparte. Simultáneamente se publicó en alemán y francés. El texto alemán, redactado por F. Engels y con una introducción suya, fue publicado en edición aparte, en Berlín, en 1891.
Se publica de acuerdo con el texto del folleto inglés de 1871, cotejado con la edición alemana de 1891, traducida del inglés.

Friedrich Engels

Introducción a la edición alemana de *La guerra civil en Francia,* publicada en 1891

El requerimiento para reeditar el manifiesto del Consejo General de la Internacional sobre *La guerra civil en Francia,* y para escribir una introducción para él, me pilló desprevenido. Por eso habré de limitarme a tocar brevemente aquí los puntos más importantes.

Precediendo al extenso trabajo arriba citado, incluyo los dos manifiestos más cortos del Consejo General sobre la guerra francoprusiana[1]. En primer lugar, porque en *La guerra civil* se hace referencia al segundo de estos dos manifiestos que, a su vez, no puede ser completamente comprendido sin conocer el primero. Pero además, porque estos dos manifiestos, escritos también por Marx, son, al igual que *La guerra civil,* ejemplos elocuentes de las dotes extraordinarias del autor –manifestadas, por vez primera en *El dieciocho Brumario de Luis Bonaparte*– para penetrar con toda clarividencia el carácter, el alcance y las

---

[1] Véase *Obras escogidas,* Buenos Aires, Ed. Cartago, 1957, pp. 333-336 y 337-341. *[N. del E.]*

consecuencias inevitables de los grandes acontecimientos históricos, cuando éstos se desarrollan todavía ante nuestros ojos o acaban apenas de producirse. Y, finalmente, porque en Alemania estamos aún padeciendo las consecuencias de aquellos acontecimientos, tal como Marx había pronosticado.

En el primer manifiesto se declaraba que, si la guerra defensiva de Alemania contra Luis Bonaparte degeneraba en una guerra de conquista contra el pueblo francés, revivirían con redoblada intensidad todas las desventuras que Alemania había experimentado después de la llamada guerra de la independencia[2]. ¿Acaso no ha sucedido así? ¿No hemos padecido otros veinte años de dominación bismackiana, con su Ley de Excepción y su batida antisocialista en lugar de las persecuciones de demagogos, con las mismas arbitrariedades policíacas y la misma, literalmente la misma, interpretación indignante de las leyes?

¿Y acaso no se ha cumplido al pie de la letra el pronóstico de que la anexión de Alsacia y Lorena «echaría a Francia en brazos de Rusia» y de que Alemania con esta anexión se convertiría abiertamente en un vasallo de Rusia, o tendría que prepararse, después de una breve tregua, para una nueva guerra que sería, además, «una guerra de razas contra los eslavos y latinos coligados»? ¿Acaso la anexión de las provincias francesas no ha echado a Francia en brazos de Rusia? ¿Acaso Bismarck no ha implorado en vano durante veinte años los favores del zar, y con servicios aún más bajos que aquellos con que la pequeña Prusia, cuando todavía no era la «primera potencia de Europa», solía postrarse a los pies de la santa Rusia? ¿Y aca-

---

[2] Guerra contra Napoleón I en 1813-1815. *[N. del E.]*

so no pende constantemente sobre nuestras cabezas la espada de Damocles de otra guerra que, al empezar, convertirá en humo de pajas todas las alianzas estampadas por los príncipes sobre el papel; una guerra en la que lo único cierto es la absoluta incertidumbre de sus consecuencias; una guerra de razas que entregará a toda Europa a la obra devastadora de quince o veinte millones de hombres armados, y que si no ha comenzado ya a hacer estragos es, simplemente, porque hasta la más fuerte entre las grandes potencias militares tiembla ante la imposibilidad de prever su resultado final?

De aquí que estemos aun más obligados a poner al alcance de los obreros alemanes estos brillantes documentos, hoy medio olvidados, de la profunda visión de la política internacional de la clase obrera en 1870.

Y lo que decimos de estos dos manifiestos también es aplicable a *La guerra civil en Francia*. El 28 de mayo, los últimos luchadores de la Comuna sucumbían ante la superioridad de fuerzas del enemigo en las faldas de Belleville. Dos días después, el 30, Marx leía ya al Consejo General el texto del trabajo en que se esboza la significación histórica de la Comuna de París, en trazos breves y enérgicos, pero tan precisos y, sobre todo, tan exactos que no han sido nunca igualados en toda la enorme masa de escritos publicada sobre este tema.

Gracias al desarrollo económico y político de Francia desde 1789, la situación en París desde hace cincuenta años ha sido tal que no podía estallar en esta ciudad ninguna revolución que no asumiese en seguida un carácter proletario, es decir, sin que el proletariado, que había comprado la victoria con su sangre, presentase sus propias reivindicaciones después del triunfo conseguido. Estas reivindicaciones eran más o menos oscuras y hasta confusas, a tono en cada periodo con el grado de desarrollo de los obreros de París, aunque el objetivo final era siempre abolir los antagonismos de clase entre capitalistas y obreros. A decir verdad, nadie sabía cómo se podía conseguir esto. Pero la reivindicación misma, por vaga que fuese la manera de formularla, encerraba ya una amenaza contra el orden social existente: los obreros que la mantenían estaban aún armados; por eso, el desarme de éstos era el primer mandamiento de los burgueses que se hallaban al frente del Estado. De aquí que después de cada revolución ganada por los obreros se llevara a cabo una nueva lucha que acababa con la derrota de éstos.

Así sucedió por primera vez en 1848. Los burgueses liberales de la oposición parlamentaria celebraban banquetes abogando por una reforma electoral que había de garantizar la supremacía de su partido. Viéndose cada vez más obligados a apelar al pueblo en la lucha que sostenían contra el Gobierno, no tenían más remedio que tolerar que los sectores radicales y republicanos de la burguesía y de la pequeña burguesía tomasen poco a poco la delantera. Pero detrás de estos sectores estaban los obreros revolucionarios que, desde 1830, habían adquirido mucha más independencia política de la que los burgueses e incluso los republicanos se imaginaban. Al producirse la crisis entre el Gobierno y la oposición, los obreros comenzaron la lucha en las calles. Luis Felipe desapareció y, con él, la reforma electoral, viniendo a ocupar su puesto la República: una república que los mismos obreros victoriosos calificaban de república «social». Nadie sabía a ciencia cierta, ni los mismos obreros, qué había que entender por república social. Pero los obreros tenían ahora armas y eran una fuerza dentro del Estado. Por eso, tan pronto como los republicanos burgueses, que empuñaban el timón del Gobierno, sintieron que pisaban terreno un poco más firme, su primera aspiración fue desarmar a los obreros. Para lograrlo se les empujó a la insurrección de junio de 1848, por medio de una violación manifiesta de la palabra dada, lanzándoles un desafío descarado e intentando desterrar a los parados a una provincia lejana. El Gobierno había cuidado de asegurarse una aplastante superioridad de fuerzas. Después de cinco días de lucha heroica, los obreros sucumbieron. Y se produjo un baño en sangre de prisioneros indefensos como jamás se había visto desde los días de las guerras civiles con las que se inició la caída de la República romana. Era la primera vez que la burguesía ponía de manifiesto a qué insensatas crueldades de venganza es capaz de acudir tan pronto como el proletariado se atreve a enfrentarse a ella, como clase aparte con intereses propios y propias reivindicaciones. Y sin embargo, lo de 1848 no fue más que un juego de chicos comparado con la furia salvaje de 1871.

El castigo no se hizo esperar. Si el proletariado no estaba todavía en condiciones de gobernar a Francia, la burguesía ya no podía seguir gobernándola. Por lo menos en aquel momento en que su mayoría era todavía de tendencia monárquica, y se hallaba dividida en tres partidos dinásticos y otro republicano. Sus discordias intestinas permitieron al aventurero Luis Bonaparte apoderarse de todos los puestos de mando –ejército, policía, aparato administrativo– y hacer saltar, el 2 de diciembre de 1851, el último baluarte de la burguesía: la Asamblea Nacional. Así comenzó el Segundo Imperio: la explotación de Francia por una cuadrilla de aventureros políticos y financieros pero, también, al mismo tiempo, un desarrollo industrial como jamás hubiera podido concebirse bajo el sistema mezquino y asustadizo de Luis Felipe, en que la dominación exclusiva se hallaba en manos de un pequeño sector de la gran burguesía. Luis Bonaparte quitó a los capitalistas el poder político con el pretexto de defenderles, de defender a los burgueses contra los obreros y, por otra parte, a éstos contra la burguesía; pero, a cambio de ello, su régimen estimuló la especulación y las actividades industriales; en una palabra, el auge y el enriquecimiento de toda la burguesía en proporciones hasta entonces desconocidas. Cierto es que fueron todavía mayores las proporciones en que se desarrollaron la corrupción y el robo en masa, que pululaban en torno a la corte imperial y se llevaban buenos dividendos de este enriquecimiento.

Pero el Segundo Imperio era la apelación al chovinismo francés, la reivindicación de las fronteras del Primer Imperio, perdidas en 1814, o al menos las de la Primera República. Un imperio francés dentro de las fronteras de la antigua monarquía, más aun dentro de las fronteras todavía más amputadas de 1815, era imposible que subsistiese a la larga. Esto implicaba la necesidad de guerras accidentales y de ensanchar las fronteras. Pero no había zona de expansión que tanto deslumbrase la fantasía de los chovinistas franceses como las tierras alemanas de la orilla izquierda del Rin. Para ellos, una milla cuadrada en el Rin valía más que diez en los Alpes o en cualquier otro sitio. Proclamado el Segundo Imperio, la reivindicación de la orilla izquierda del Rin, fuese de una vez o por partes, era simplemente una cuestión de tiempo. Y el tiempo llegó con la guerra austro-prusiana de 1866. Defraudado en sus esperanzas de «compensaciones territoriales», por el engaño de Bismarck y por su propia política demasiado astuta y vacilante, a Napoleón no le quedaba ahora más salida que la guerra, que estalló en 1870 y le empujó primero a Sedán y después a Wilhelmshöhe[3].

La consecuencia inevitable fue la revolución de París del 4 de septiembre de 1870. El Imperio se derrumbó como un castillo de naipes y nuevamente fue proclamada la República. Pero el enemigo estaba a las puertas. Los ejércitos del Imperio estaban sitiados en Metz sin esperanza de salvación o prisioneros en Alemania. En esta situación angustiosa, el pueblo permitió a los diputados parisinos del antiguo Cuerpo Legislativo constituirse en un «Gobierno de la Defensa Nacional». Estuvo tanto más dispuesto a acceder a esto, cuanto que, para los fines de la defensa, todos los parisinos capaces de empuñar las armas se habían enrolado en la Guardia Nacional y estaban armados, con lo cual los obreros representaban dentro de ella una gran mayoría. Pero el antagonismo entre el Gobierno, formado casi exclusivamente por burgueses, y el proletariado en armas no tardó en estallar. El 31 de octubre, los batallones obreros tomaron por asalto el Hôtel de Ville y capturaron a algunos miembros del Gobierno. Mediante una traición, la violación descarada por el Gobierno de su palabra y la intervención de algunos batallones pequeñoburgueses, se consiguió ponerlos nuevamente, en libertad y, para no provocar el estallido de la guerra civil dentro de una ciudad sitiada por un ejército extranjero, se permitió seguir en funciones al Gobierno constituido.

Por fin, el 28 de enero de 1871, la ciudad de París, vencida por el hambre, capituló. Pero con honores sin precedentes en la historia de las guerras. Los fuertes fue-

---

[3] El 2 de septiembre de 1870, el ejército francés fue derrotado en Sedán y hecho prisionero con el emperador. Napoleón III fue internado en Wilhelmshöhe, cerca de Cassel. *[N. del E.]*

ron rendidos, las murallas desarmadas, las armas de las tropas de línea y de la Guardia Móvil entregadas, y sus hombres fueron considerados prisioneros de guerra. Pero la Guardia Nacional conservó sus armas y sus cañones, y se limitó a sellar un armisticio con los vencedores. Y éstos no se atrevieron a entrar en París en son de triunfo. Sólo osaron ocupar un pequeño rincón de la ciudad, en una parte en la cual no había, en realidad, más que parques públicos y, por añadidura, ¡sólo los tuvieron ocupados unos cuantos días!, y durante este tiempo, ellos, que habían tenido cercado a París por espacio de 131 días, estuvieron cercados por los obreros armados de la capital, que montaban la guardia celosamente para evitar que ningún «prusiano» traspasase los estrechos límites del rincón cedido a los conquistadores extranjeros. Tal era el respeto que los obreros de París infundían a un ejército ante el cual habían rendido sus armas todas las tropas del Imperio. Y los *junkers* prusianos, que habían venido a tomarse la venganza en el hogar de la revolución, ¡no tuvieron más remedio que pararse respetuosamente a saludar a esta misma revolución armada!

Durante la guerra, los obreros de París se habían limitado a exigir la enérgica continuación de la lucha. Pero ahora, sellada ya la paz después de la capitulación de París, Thiers, nuevo jefe del Gobierno, tenía que darse cuenta de que la dominación de las clases poseedoras –grandes terratenientes y capitalistas– estaba en constante peligro mientras los obreros de París tuviesen en sus manos las armas. Lo primero que hizo fue intentar desarmarlos. El 18 de marzo envió tropas de línea con orden de robar a la Guardia Nacional la artillería que era de su pertenencia, pues había sido construida durante el asedio de París y pagada por suscripción pública. El intento no prosperó; París se movilizó como un solo hombre para la resistencia y se declaró la guerra entre París y el Gobierno francés, instalado en Versalles. El 26 de marzo fue elegida, y el 28 proclamada la Comuna de París. El Comité Central de la Guardia Nacional, que hasta entonces había tenido el Poder en sus manos, dimitió en favor de la Comuna, después de haber decretado la abolición de la escandalosa «policía de moralidad» de París. El 30, la Comuna abolió el servicio militar obligatorio y el ejército permanente, y declaró única fuerza armada a la Guardia Nacional, en la que debían enrolarse todos los ciudadanos capaces de empuñar las armas. Condonó los pagos de alquiler de viviendas desde octubre de 1870 hasta abril de 1871, abonando en cuenta para futuros pagos de alquileres las cantidades ya abonadas, y suspendió la venta de objetos empeñados en las casas municipales de préstamos. El mismo día 30, fueron confirmados en sus cargos los extranjeros elegidos para la Comuna, pues «la bandera de la Comuna es la bandera de la República mundial». El 1 de abril se acordó que el sueldo máximo que podría percibir un funcionario de la Comuna y, por tanto, los mismos miembros de ésta, no podría exceder de 6.000 francos (4.800 marcos). Al día siguiente, la Comuna decretó la separación de la Iglesia y el Estado y la supresión de todas las partidas consignadas en el presupuesto del Estado para fines religiosos, declarando propiedad nacional todos los bienes de la Iglesia; como consecuencia de esto, el 8 de abril se ordenó que se eliminasen de las escuelas todos los símbolos religiosos, imágenes, dogmas, oraciones, en una palabra, «todo lo que cae dentro de la órbita de la conciencia individual», orden que fue aplicándose gradualmente. El día 5, en vista de que las tropas de Versalles fusilaban diariamente a los combatientes de la Comuna capturados por ellas, se dictó un decreto ordenando la detención de rehenes, pero esta disposición nunca se llevó a la práctica. El día 6, el 137.º Batallón de la Guardia Nacional sacó a la calle la guillotina y la quemó públicamente, entre el entusiasmo popular. El 12, la Comuna acordó que la Columna Triunfal de la plaza Vendôme, fundida con el bronce de los cañones tomados por Napoleón después de la guerra de 1809, se demoliese, al ser símbolo de chovinismo e incitación a los odios entre naciones. Esta disposición fue cumplimentada el 18 de mayo. El 16 de abril, la Comuna ordenó que se abriese un registro estadístico de todas las fábricas clausuradas por los patronos y se preparasen los planes para reanudar su explotación con los obreros que antes trabajaban en ellas, organizándoles en sociedades cooperativas, y que se planease también la organización de todas estas cooperativas en una gran Unión. El 20, la Comuna declaró abolido el trabajo nocturno de los panaderos y suprimió también las oficinas de colocación, que durante el Segundo Imperio eran un monopolio de ciertos sujetos designados por la policía, explotadores de primera fila de los obreros. Las oficinas fueron transferidas a las alcaldías de los veinte distritos de París. El 30 de abril, la Comuna ordenó la clausura de las casas de empeño, basándose en que eran una forma de explotación privada de los obreros, en pugna con el derecho de éstos a disponer de sus instrumentos de trabajo y de crédito. El 5 de mayo, dispuso la demolición de la Capilla Expiatoria, que se había erigido para expiar la ejecución de Luis XVI.

Como se ve, el carácter de clase del movimiento de París, que antes se había relegado a segundo plano por la lucha contra los invasores extranjeros, resalta con trazos netos y enérgicos desde el 18 de marzo en adelante. Como los miembros de la Comuna eran todos, casi sin excepción, obreros o representantes reconocidos de los obreros, sus acuerdos se distinguían por un carácter marcadamente proletario. Una parte de sus decretos eran reformas que la burguesía republicana no se había atrevido a implantar por vil cobardía, y que echaban los cimientos indispensables para la libre acción de la clase obrera, como, por ejemplo, la implantación del principio de que, *con respecto al Estado,* la religión es un asunto de incumbencia puramente privada; otros iban encaminados a salvaguardar directamente los intereses de la clase obrera, y en parte abrían profundas brechas en el viejo orden social. Sin embargo, en una ciudad sitiada, lo más que se podía alcanzar era un comienzo de desarrollo de todas estas medidas. Desde los primeros días de mayo, la lucha contra los ejércitos levantados por el Gobierno de Versalles, cada vez más nutridos, absorbió todas las energías.

El 7 de abril, los versalleses tomaron el puente sobre el Sena en Neuilly, en el frente occidental de París; en cambio, el 11 fueron rechazados con grandes pérdidas por el general Eudes, en el frente sur. París estaba sometido a constante bombardeo, dirigido además por los mismos que habían estigmatizado como un sacrilegio el bombardeo de la capital por los prusianos. Ahora estos mismos individuos imploraban del Gobierno prusiano que acelerase la devolución de los soldados franceses hechos prisioneros en Sedán y en Metz, para que les reconquistasen París. Desde comienzos de mayo, la llegada gradual de estas tropas dio una superioridad decisiva a las fuerzas de Versalles. Esto se puso ya de manifiesto cuando, el 23 de abril, Thiers rompió las negociaciones, abiertas a propuesta de la Comuna, para canjear al arzobispo de París y a toda una serie de clérigos, presos en la capital como rehenes, por un solo hombre, Blanqui, elegido por dos veces para la

Comuna, pero preso en Clairvaux. Y se hizo más patente todavía en el nuevo lenguaje de Thiers que, de reservado y ambiguo, se convirtió de pronto en insolente, amenazador y brutal. En el frente sur, los versalleses tomaron el 3 de mayo el reducto de Moulin-Saquet; el día 9 se apoderaron del fuerte de Issy, reducido por completo a escombros por el cañoneo; el 14 tomaron el fuerte de Vanves. En el frente occidental avanzaban paulatinamente, apoderándose de numerosos edificios y aldeas que se extendían hasta el cinturón fortificado de la ciudad y llegando, por último, hasta la muralla misma; el 21, gracias a una traición y por culpa del descuido de los guardias nacionales destacados en este sector, consiguieron abrirse paso hacia el interior de la ciudad. Los prusianos, que seguían ocupando los fuertes del norte y del este, permitieron a los versalleses cruzar por la parte norte de la ciudad, que era terreno vedado para ellos según los términos del armisticio y, de este modo, avanzar atacando sobre un largo frente, que los parisinos no podían por menos que creer amparado por dicho convenio, y que, por esta razón, tenían guarnecido con escasas fuerzas. El resultado de esto fue que en la mitad occidental de París, en los barrios ricos, sólo se opuso una débil resistencia, que se hacía más fuerte y más tenaz a medida que las fuerzas atacantes se acercaban al sector del este: a los barrios propiamente obreros. Hasta después de ocho días de lucha no cayeron en las alturas de Belleville y Ménilmontant los últimos defensores de la Comuna; y entonces llegó a su apogeo aquella matanza de hombres desarmados, mujeres y niños, que había hecho estragos durante toda la semana con furia creciente. Ya los fusiles de retrocarga no mataban bastante de prisa, y entraron en juego las ametralladoras para abatir por centenares a los vencidos. El *Muro de los Federados* del cementerio del Père Lachaise, donde se consumó el último asesinato en masa, queda todavía en pie, testimonio mudo pero elocuente del frenesí al que la clase dominante es capaz de llegar cuando el proletariado se atreve a reclamar sus derechos. Luego, cuando se vio que era imposible matarlos a todos, vinieron las detenciones en masa, comenzaron los fusilamientos de víctimas caprichosamente seleccionadas entre las cuerdas de presos y el traslado de los demás a grandes campos de concentración, donde esperaban la vista de los consejos de guerra. Las tropas prusianas que tenían cercado el sector nordeste de París recibieron la orden de no dejar pasar a ningún fugitivo, pero los oficiales con frecuencia cerraban los ojos cuando los soldados prestaban más obediencia a los dictados de la humanidad que a las órdenes de la superioridad; mención especial merece, por su humano comportamiento, el cuerpo de ejército de Sajonia, que dejó paso libre a muchas personas, cuya calidad de luchadores de la Comuna saltaba a la vista.

* * *

Si hoy, al cabo de veinte años, volvemos los ojos a las actividades y a la significación histórica de la Comuna de París de 1871, advertimos la necesidad de completar un poco la exposición que se hace en *La guerra civil en Francia*.

Los miembros de la Comuna estaban divididos en una mayoría integrada por los blanquistas, que había predominado también en el Comité Central de la Guardia Nacional, y una minoría compuesta por afiliados a la Asociación Internacional de los Trabajadores, entre los que prevalecían los adeptos de la escuela socialista de Proudhon. En aquel tiempo, la gran mayoría de los blanquistas sólo eran socialistas por instinto revolucionario y proletario; sólo unos pocos habían alcanzado una mayor claridad de principios, gracias a Vaillant, que conocía el socialismo científico alemán. Así se explica que la Comuna dejase de hacer, en el terreno económico, cosas que, desde nuestro punto de vista actual, debió realizar. Lo más difícil de comprender es, indudablemente, el santo temor con que aquellos hombres se detuvieron respetuosamente en los umbrales del banco de Francia. Fue éste además un error político muy grave. El banco de Francia en manos de la Comuna hubiera valido más que diez mil rehenes. Hubiera significado la presión de toda la burguesía francesa sobre el Gobierno de Versalles para que negociase la paz con la Comuna. Pero aun es más asombroso el acierto de muchas de las cosas que se hicieron, a pesar de estar compuesta de proudhonianos y blanquistas. Por supuesto, cabe a los proudhonianos la principal responsabilidad por los decretos económicos de la Comuna, lo mismo en lo que atañe a sus méritos como a sus defectos; a los blanquistas les incumbe la responsabilidad principal por los actos y las omisiones políticas. Y, en ambos casos, la ironía de la historia quiso –como acontece generalmente cuando el poder cae en manos de doctrinarios– que tanto unos como otros hiciesen lo contrario de lo que la doctrina de su escuela respectiva prescribía.

Proudhon, el socialista de los pequeños campesinos y maestros artesanos, odiaba positivamente la asociación. Decía de ella que tenía más de malo que de bueno; que era por naturaleza estéril y aun perniciosa, como un grillete puesto a la libertad del obrero; que era un puro dogma, improductivo y gravoso, contrario por igual a la libertad del obrero y al ahorro de trabajo; que sus inconvenientes se desarrollaban más de prisa que sus ventajas; que, por el contrario, la libre concurrencia, la división del trabajo y la propiedad privada eran otras tantas fuerzas económicas. Sólo en los casos excepcionales –así calificaba Proudhon la gran industria y las grandes empresas como, por ejemplo, los ferrocarriles– estaba indicada la asociación de los obreros. (Véase *Idée générale de la révolution,* tercer estudio.)

Hacia 1871, y hasta en París, centro del artesanado artístico, la gran industria había dejado ya hasta tal punto de ser un caso excepcional, que el decreto más importante de cuanto dictó la Comuna dispuso una organización para la gran industria, e incluso para la manufactura, que no se basaba sólo en la asociación de obreros dentro de cada fábrica, sino que debía también unificar a todas estas asociaciones en una gran Unión; en resumen, en una organización que, como Marx muy bien dice en *La guerra civil,* forzosamente habría conducido en última instancia al comunismo, o sea a lo más antitético de la doctrina proudhoniana. Por eso, la Comuna fue la tumba de la escuela proudhoniana del socialismo. Esta escuela ha desaparecido hoy de los medios obreros franceses; en ellos, actualmente, la teoría de Marx predomina sin discusión, y no menos entre los posibilistas[4], que entre los «marxistas». Sólo quedan proudhonianos en el campo de la burguesía «radical».

No fue mejor la suerte que corrieron los blanquistas. Educados en la escuela de la conspiración y mantenidos en cohesión por la rígida disciplina que esta escuela supone, los blanquistas partían de la idea de que un grupo relativamente pequeño de hombres decididos y bien organizados estaría en condiciones, no sólo de adueñarse

---

[4] El posibilismo era una tendencia oportunista del movimiento obrero francés de fines del siglo XIX. *[N. del E.]*

en un momento favorable del timón del Estado, sino que, desplegando una acción enérgica e incansable, sería capaz de sostenerse hasta lograr arrastrar a la revolución a las masas del pueblo y congregarlas en torno al puñado de caudillos. Esto llevaba consigo, sobre todo, la más rígida y dictatorial centralización de todos los poderes en manos del nuevo Gobierno revolucionario. ¿Y qué hizo la Comuna, compuesta en su mayoría precisamente por blanquistas? En todas las proclamas dirigidas a los franceses de provincias, la Comuna les invita a crear una Federación libre de todas las Comunas de Francia con París, una organización nacional que, por vez primera, iba a ser creada realmente por la misma nación. Precisamente, el poder opresor del antiguo Gobierno centralizado –el ejército, la policía política y la burocracia–, creado por Napoleón en 1798 y que desde entonces había sido heredado por todos los nuevos gobiernos como un instrumento grato, empleándolo contra sus enemigos, precisamente éste debía ser derrumbado en toda Francia, como había sido derrumbado ya en París.

La Comuna tuvo que reconocer desde el primer momento que la clase obrera, al llegar al poder, no puede seguir gobernando con la vieja máquina del Estado que, para no perder de nuevo su dominación recién conquistada, la clase obrera tiene, por una parte, que barrer toda la vieja máquina represiva utilizada hasta entonces contra ella y, por otra parte, precaverse contra sus propios diputados y funcionarios, declarándolos a todos, sin excepción, revocables en cualquier momento. ¿Cuáles eran las características del Estado hasta entonces? En un principio, por medio de la simple división del trabajo, la sociedad creó los órganos especiales destinados a velar por sus intereses comunes. Pero, a la larga, estos órganos, a la cabeza de los cuales figuraba el poder estatal, persiguiendo sus propios intereses específicos, se convirtieron de servidores de la sociedad, en señores de ella. Esto puede verse, por ejemplo, no sólo en las monarquías hereditarias, sino también en las repúblicas democráticas. No hay ningún país en que los «políticos» formen un sector más poderoso y más separado de la nación que en Norteamérica. Aquí, cada uno de los dos grandes partidos que alternan en el Gobierno está a su vez gobernado por gentes que hacen de la política un negocio, que especulan con las actas de diputado de las asambleas legislativas de la Unión y de los distintos Estados federados, o que viven de la agitación en favor de su partido y son retribuidos con cargos cuando éste triunfa. Es sabido que los norteamericanos llevan treinta años esforzándose por sacudir este yugo que ha llegado a ser insoportable, y que, a pesar de todo, se hunden cada vez más en este pantano de corrupción. Y es precisamente en Norteamérica donde podemos ver mejor cómo progresa esta independización del Estado frente a la sociedad de la que originariamente debía ser un simple instrumento. Aquí no hay dinastía, ni nobleza, ni ejército permanente –fuera del puñado de hombres que montan la guardia contra los indios–, ni burocracia con cargos permanentes o derechos pasivos. Y, sin embargo, en Norteamérica nos encontramos con dos grandes cuadrillas de especuladores políticos que alternativamente se posesionan del poder estatal y lo explotan por los medios y para los fines más corrompidos; y la nación es impotente frente a estos dos grandes consorcios de políticos, pretendidos servidores suyos, pero que, en realidad, la dominan y la saquean.

Contra esa transformación del Estado y de sus órganos de servidores de la sociedad en señores de ella, transformación inevitable en todos los Estados anteriores, empleó la Comuna dos remedios infalibles. En primer lugar, cubrió todos los cargos administrativos, judiciales y de enseñanza por elección, mediante sufragio universal, concediendo a los electores el derecho a revocar en todo momento a sus elegidos. En segundo lugar, todos los funcionarios, altos y bajos, estaban retribuidos como los demás trabajadores. El sueldo máximo abonado por la Comuna era de 6.000 francos. Con este sistema se ponía una barrera eficaz al arribismo y la caza de cargos, y esto sin contar con los mandatos imperativos que, por añadidura, introdujo la Comuna para los diputados a los cuerpos representativos.

En el capítulo tercero de *La guerra civil* se describe con todo detalle esta labor encaminada a hacer saltar el viejo poder estatal y sustituirlo por otro nuevo y realmente democrático. Sin embargo, era necesario detenerse a examinar aquí brevemente algunos de los rasgos de esta sustitución por ser precisamente en Alemania donde la fe supersticiosa en el Estado se ha trasplantado del campo filosófico a la conciencia general de la burguesía, e incluso a la de muchos obreros. Según la concepción filosófica, el Estado es la «realización de la idea», o sea, traducido al lenguaje filosófico, el reino de Dios sobre la tierra, el campo en que se hacen o deben hacerse realidad la eterna verdad y la eterna justicia. De aquí nace una veneración supersticiosa del Estado y de todo lo que con él se relaciona, la cual va arraigando en las conciencias con tanta mayor facilidad cuanto que la gente se acostumbra ya desde la infancia a pensar que los asuntos e intereses comunes a toda la sociedad no pueden gestionarse ni salvaguardarse de otro modo que como se ha venido haciendo hasta aquí, es decir, por medio del Estado y de sus funcionarios bien retribuidos. Y se cree haber dado un paso enormemente audaz con librarse de la fe en la monarquía hereditaria, y entusiasmarse por la república democrática. En realidad, el Estado no es más que una máquina para la opresión de una clase por otra, lo mismo en la república democrática que bajo la monarquía; y en el mejor de los casos, un mal que se transmite hereditariamente al proletariado triunfante en su lucha por la dominación de clase. El proletariado victorioso, el mismo que hizo la Comuna, no podrá por menos de amputar inmediatamente los lados peores de este mal, entretanto que una generación futura, educada en condiciones sociales nuevas y libres, pueda deshacerse de todo ese trasto viejo del Estado.

Últimamente, las palabras «dictadura del proletariado» han vuelto a sumir en santo horror al filisteo socialdemócrata. Pues bien, caballeros, ¿queréis saber qué faz presenta esta dictadura? Mirad a la Comuna de París: ¡he ahí la dictadura del proletariado!*

---

* Londres, en el vigésimo aniversario de la Comuna de París, 18 de marzo de 1891. Escrito por F. Engels para la edición aparte de *La guerra civil en Francia* de C. Marx, publicada en Berlín en 1891. Traducido del alemán. Se publica de acuerdo con el texto del libro.

luchar por la independencia de toda la nación. En realidad, era un gobierno «de traición nacional», el cual consideraba que su misión consistía en luchar contra el proletariado parisiense. Pero el proletariado, cegado por las ilusiones patrióticas, no se percataba de ello. La idea de patriotismo tuvo su origen en la gran revolución del siglo XVIII: embargó la mente de los socialistas de la Comuna, y Blanqui, por ejemplo, que era sin duda alguna un revolucionario y un ferviente defensor del socialismo, no halló para su periódico mejor título que el clamor burgués: «¡La Patria está en peligro!».

La combinación de estas tareas contradictorias –el patriotismo y el socialismo– fue el error fatal de los socialistas franceses. Ya en septiembre de 1870, en el Manifiesto de la Internacional, Marx puso en guardia al proletariado francés contra el peligro de dejarse llevar por el entusiasmo de una falsa idea nacional; desde los tiempos de la gran revolución se habían operado profundos cambios; las contradicciones de clase se habían agudizado, y si entonces la lucha contra toda la reacción europea unía a toda la nación revolucionaria, ahora el proletariado ya no podía fundir sus intereses con los intereses de otras clases hostiles a él: que sea la burguesía quien cargue con la responsabilidad de la humillación nacional; la misión del proletariado era luchar por la emancipación socialista del trabajo del yugo de la burguesía.

Y en efecto, no tardó en aparecer la verdadera naturaleza del «patriotismo» burgués. Después de concertar una paz vergonzosa con los prusianos, el Gobierno de Versalles procedió a su tarea inmediata y se lanzó al ataque para arrancar al proletariado parisiense las armas que tanto lo aterrorizaban. Los obreros respondieron proclamando la Comuna y la guerra civil.

A pesar de que el proletariado socialista estaba dividido en numerosas sectas, la Comuna fue un ejemplo brillante de la unanimidad con la que el proletariado supo cumplir las tareas democráticas que la burguesía sólo podía proclamar. Sin ninguna legislación complicada, con toda sencillez, el proletariado, que había conquistado el poder, democratizó el régimen social, suprimió la burocracia y estableció que todos los cargos públicos fuesen electivos.

Pero dos errores destruyeron los frutos de la brillante victoria. El proletariado se detuvo a mitad de camino: en lugar de comenzar la «expropiación de los expropiadores», se puso a soñar con implantar la justicia suprema en un país unido por una tarea nacional común; instituciones tales como, por ejemplo, los bancos, no fueron incautadas; la teoría de los proudhonistas del «justo intercambio», etc., dominaba aún entre los socialistas. El segundo error fue la excesiva magnanimidad del proletariado: en lugar de eliminar a sus enemigos, que era lo que debía haber hecho, trató de influir moralmente sobre ellos, desestimó la importancia que en la guerra civil tienen las medidas puramente militares y, en vez de coronar su victoria en París con una ofensiva resuelta sobre Versalles, se demoró y dio tiempo al Gobierno de Versalles a reunir fuerzas tenebrosas y prepararse para la sangrienta semana de mayo.

Pero, a pesar de todos sus errores, la Comuna constituye un magnífico ejemplo del más importante movimiento proletario del siglo XIX. Marx dio un alto valor a la importancia histórica de la Comuna. Si los obreros se hubiesen dejado arrebatar las armas sin luchar cuando la pandilla de Versalles efectuó su traicionero intento de apoderarse de las armas del proletariado parisiense, la funesta desmoralización que semejante debilidad hubiera sembrado en las filas del movimiento proletario habría sido muchísimo más grave que el daño ocasionado por las pérdidas que sufrió la clase obrera en la lucha por defender sus armas. Por grandes que hayan sido los sacrificios de la Comuna, la importancia de ésta para la lucha general del proletariado lo ha compensado: la Comuna animó el movimiento socialista en toda Europa, mostró la fuerza de la guerra civil, disipó las ilusiones patrióticas y acabó con la fe ingenua en los esfuerzos de la burguesía por lograr objetivos nacionales comunes. La Comuna enseñó al proletariado europeo a plantear en forma concreta las tareas de la revolución socialista.

El proletariado no olvidará la lección recibida. La clase obrera la aprovechará, como ya lo hizo en Rusia durante la insurrección de diciembre.

La época que precedió a la revolución rusa y la preparó tiene cierta semejanza con la época del yugo napoleónico en Francia. También en Rusia la camarilla autocrática ha llevado al país a la ruina económica y a la humillación nacional. Pero la revolución fue contenida durante mucho tiempo; hasta que el desarrollo social creó las condiciones para un movimiento de masas y, pese a todo su heroísmo, los ataques aislados al Gobierno durante el periodo prerrevolucionario se estrellaron contra la indiferencia de las masas populares. Tan sólo los socialdemócratas, con un trabajo perseverante y metódico, lograron educar a las masas hasta hacerlas llegar a las formas superiores de lucha: las acciones de masas y la guerra civil armada.

La socialdemocracia logró acabar con los errores «nacionales» y «patrióticos» del joven proletariado, y cuando, gracias a su intervención directa, se logró arrancar al zar el manifiesto del 17 de octubre, el proletariado comenzó a prepararse con decisión para la siguiente e inevitable etapa de la revolución: la insurrección armada. Liberado de las ilusiones «nacionales», fue concentrando sus fuerzas de clase en sus organizaciones de masas: los soviets de diputados obreros y soldados, etc. Y pese a la gran diferencia que había entre los objetivos y las tareas de la revolución rusa y los de la francesa de 1871, el proletariado ruso tuvo que recurrir al mismo método de lucha que la Comuna fue la primera en utilizar: la guerra civil. Al tener en cuenta las enseñanzas de la Comuna, sabía que el proletariado no debe despreciar los medios pacíficos de lucha –que sirven a sus corrientes intereses de cada día y son indispensables en el periodo preparatorio de la revolución–, pero jamás debe olvidar que, en determinadas condiciones, la lucha de clases toma la forma de lucha armada y de guerra civil; hay momentos en que los intereses del proletariado exigen el exterminio implacable de los enemigos en francos choques armados. El proletariado francés lo demostró por primera vez en la Comuna, y el proletariado ruso lo confirmó brillantemente en la insurrección de diciembre.

No importa que estas dos magníficas insurrecciones de la clase obrera hayan sido aplastadas; vendrá una nueva insurrección ante la cual serán las fuerzas de los enemigos del proletariado las que resultarán débiles, y que dará la victoria completa al proletariado socialista*.

---

* *Zagraníchnaia Gazeta* 2, 23 de marzo de 1908.
Se publica de acuerdo con el texto del periódico.

Karl Marx

Cartas a Kugelmann

Londres, 12 de abril de 1871.

Si te fijas en el último capítulo de mi *Dieciocho Brumario,* verás que digo que la próxima tentativa de la revolución francesa no será ya, como hasta ahora, el pasar la máquina burocrático-militar de una a otra mano, sino el destruirla, y esto es esencial para toda verdadera revolución popular del continente. Y esto es lo que están intentando nuestros heroicos camaradas de partido de París. ¡Qué elasticidad, qué iniciativa histórica, qué capacidad de sacrificio la de estos parisienses! Tras seis meses de hambre y de ruina, causados más bien por la traición de dentro que por el enemigo de fuera, se alzan bajo las bayonetas prusianas como si entre Francia y Alemania nunca hubiera habido guerra y como si el enemigo no estuviese a las puertas de París. La historia no tiene otro ejemplo de semejante grandeza. Si son derrotados, sólo habrá que culpar a su «buen natural». Debieran haber marchado en seguida sobre Versalles después de que, primero Vinoy, y luego la parte reaccionaria de la Guardia Nacional de París, se hubieron retirado. Se perdió el momento oportuno por escrúpulos de conciencia. No quisieron *desatar* la *guerra civil,* como si ese torcido *aborto* de Thiers no la hubiera desencadenado ya con su intento de desarmar París. Segundo error: el Comité Central abandonó el poder demasiado pronto para dar paso a la Comuna. ¡Otra vez por escrupulosidad demasiado «honorable»! Pero, sea como fuere, este levantamiento de París, aun si sucumbe a los lobos, chanchos y viles perros de la vieja sociedad, es la hazaña más gloriosa de nuestro partido desde la insurrección parisiense de junio. Compárese a estos parisienses, que toman el cielo por asalto, con los esclavos hasta el cielo del Imperio germano-prusiano del Sacro Imperio romano, con sus mascaradas póstumas, apestando a cuartel, a iglesia, a repollo de hacienda *junker* y, sobre todo, a filisteo.

À propos. En la *publicación oficial* de la lista de las personas que reciben subsidios directos del tesoro de Luis Bonaparte, aparece la noticia de que Vogt recibió 40.000 francos en agosto de 1859. He comunicado el hecho a Liebknecht para que haga uso de él más adelante.

Londres, 17 de abril de 1871.

No comprendo cómo puedes comparar las manifestaciones pequeñoburguesas *à la* 13 de junio de 1849, etc., con la actual lucha que se está librando en París.

La historia universal sería, por cierto, muy fácil de hacer si la lucha sólo se aceptase a condición de que se presentasen perspectivas infaliblemente favorables. Sería, por otra parte, de naturaleza muy mística si el «azar» no desempeñase ningún papel. Estos mismos accidentes caen naturalmente en el curso general del desarrollo y son compensados a su vez por otros accidentes. Pero la aceleración y el retardo dependen en mucho de tales «accidentes», entre los que figura el «accidente» del carácter de quienes aparecen al principio a la cabeza del movimiento.

Esta vez, el accidente decisivo y desfavorable no ha de buscarse de modo alguno en las condiciones generales de la sociedad francesa, sino en la presencia de los prusianos en Francia y en su posición justo frente a París. Esto lo sabían bien los parisienses. Pero también lo sabía la *canaille* burguesa de Versalles. Precisamente por esa razón propusieron a los parisienses la alternativa de cesar la lucha o de sucumbir sin combate. En el segundo caso, la desmoralización de la clase obrera hubiese sido una desgracia enormemente mayor que la caída de un número cualquiera de «jefes». La lucha de la clase obrera contra la clase capitalista y su Estado ha entrado, con la lucha que tiene lugar en París, en una nueva fase. Cualesquiera sean las resultados inmediatos, se ha conquistado un nuevo punto de partida de importancia histórica universal.

Vladímir Ilich Lenin

En memoria de la Comuna

Han pasado cuarenta años desde la proclamación de la Comuna de París. Según la costumbre establecida, el proletariado francés honró con mítines y manifestaciones la memoria de los hombres de la revolución del 18 de marzo de 1871. A finales de mayo, volverá a llevar coronas de flores a las tumbas de los *communards* fusilados, víctimas de la terrible «Semana de mayo», y ante ellas volverá a jurar que luchará sin descanso hasta el total triunfo de sus ideas, hasta dar cabal cumplimiento a la obra que ellos le legaron.

¿Por qué el proletariado, no sólo francés, sino el de todo el mundo, honra a los hombres de la Comuna de París como a sus predecesores? ¿Cuál es la herencia de la Comuna?

La Comuna surgió espontáneamente, nadie la preparó de modo consciente y sistemático. La desgraciada guerra con Alemania, las privaciones durante el sitio, la desocupación entre el proletariado y la ruina de la pequeña burguesía, la indignación de las masas contra las clases superiores y las autoridades, que habían demostrado una incapacidad absoluta, la sorda efervescencia en la clase obrera, descontenta de su situación y ansiosa de un nuevo régimen social; la composición reaccionaria de la Asamblea Nacional, que hacía temer por el destino de la República, todo ello y otras muchas causas se combinaron para impulsar a la población de París a la revolución del 18 de marzo, que puso inesperadamente el poder en manos de la Guardia Nacional, en manos de la clase obrera y de la pequeña burguesía, que se había unido a ella.

Fue un acontecimiento histórico sin precedentes. Hasta entonces, el poder había estado, por regla general, en manos de los terratenientes y de los capitalistas, es decir, de sus apoderados, que constituían el llamado Gobierno. Después de la revolución del 18 de marzo, cuando el gobierno del señor Thiers huyó de París con sus tropas, su policía y sus funcionarios, el pueblo quedó dueño de la situación y el poder pasó a manos del proletariado. Pero en la sociedad moderna, el proletariado, avasallado en lo económico por el capital, no puede dominar políticamente si no rompe las cadenas que lo atan al capital. De ahí que el movimiento de la Comuna debía adquirir inevitablemente un tinte socialista, es decir, debería tender al derrocamiento del dominio de la burguesía, de la dominación del capital, a la destrucción de las bases mismas del régimen social contemporáneo.

Al principio se trató de un movimiento muy heterogéneo y confuso. Se adhirieron a él los patriotas, con la esperanza de que la Comuna reanudaría la guerra contra los alemanes, llevándola a un venturoso desenlace. Los apoyaron asimismo los pequeños tenderos, en peligro de ruina si no se aplazaba el pago de las deudas vencidas y de los alquileres (aplazamiento que les negaba el Gobierno, pero que la Comuna les concedió). Por último, en un comienzo también simpatizaron en cierto grado con él los republicanos burgueses, temerosos de que la reaccionaria Asamblea Nacional (los «rurales», los salvajes terratenientes) restablecieran la monarquía. Pero el papel fundamental en este movimiento fue desempeñado, naturalmente, por los obreros (sobre todo, los artesanos de París), entre los cuales se había realizado en los últimos años del Segundo Imperio una intensa propaganda socialista, y que incluso muchos de ellos estaban afiliados a la Internacional[1].

Sólo los obreros permanecieron fieles a la Comuna hasta el fin. Los burgueses republicanos y la pequeña burguesía se apartaron bien pronto de ella: unos se asustaron por el carácter socialista revolucionario del movimiento, por su carácter proletario; otros se apartaron de ella al ver que estaba condenada a una derrota inevitable. Sólo los proletarios franceses apoyaron a su Gobierno, sin temor ni desmayos, sólo ellos lucharon y murieron por él, es decir, por la emancipación de la clase obrera, por un futuro mejor para todos los trabajadores.

Abandonada por sus aliados de ayer y sin contar con ningún apoyo, la Comuna tenía que ser derrotada inevitablemente. Toda la burguesía de Francia, todos los terratenientes, corredores de bolsa y fabricantes, todos los grandes y pequeños ladrones, todos los explotadores, se unieron contra ella. Con la ayuda de Bismarck (que dejó en libertad a 100.000 soldados franceses prisioneros de los alemanes para aplastar al París revolucionario), esta coalición burguesa logró enfrentar con el proletariado parisiense a los campesinos ignorantes y a la pequeña burguesía de provincias, y rodear la mitad de París con un

---

[1] Véase V. I. Lenin, *Obras completas,* 2.ª edición, Buenos Aires, Ed. Cartago, 1970, t. II, nota 6. *[N. del E.]*

círculo de hierro (la otra mitad había sido cercada por el ejército alemán). En algunas grandes ciudades de Francia (Marsella, Lyon, Saint-Étienne, Dijon y otras, los obreros también intentaron tomar el poder, proclamar la Comuna y acudir en auxilio de París, pero estos intentos fracasaron rápidamente. Y París, que había sido la primera en enarbolar la bandera de la insurrección proletaria, quedó abandonada a sus propias fuerzas y condenada a una muerte segura.

Para que una revolución social pueda triunfar, necesita por lo menos dos condiciones: un alto desarrollo de las fuerzas productivas y un proletariado preparado para ella. Pero en 1871 se carecía de ambas condiciones. El capitalismo francés se hallaba aún poco desarrollado, y Francia era entonces, en lo fundamental, un país de pequeña burguesía (artesanos, campesinos, tenderos, etc.). Por otra parte, no existía un partido obrero, y la clase obrera no estaba preparada ni había tenido un largo adiestramiento, y en su mayoría ni siquiera comprendía con claridad cuáles eran sus fines ni cómo podía alcanzarlos. No había una organización política seria del proletariado, ni fuertes sindicatos, ni sociedades cooperativas…

Pero lo que le faltó a la Comuna fue, principalmente, tiempo, posibilidad de darse cuenta de la situación y de emprender la realización de su programa. No había tenido tiempo de iniciar la tarea cuando el Gobierno, atrincherado en Versalles y apoyado por toda la burguesía, inició las operaciones militares contra París. La Comuna tuvo que pensar ante todo en su propia defensa. Y hasta el final mismo, que sobrevino en la semana del 21 al 28 de mayo, no pudo pensar con seriedad en otra cosa.

Sin embargo, pese a esas condiciones tan desfavorables y a la brevedad de su existencia, la Comuna adoptó algunas medidas que caracterizan suficientemente su verdadero sentido y sus objetivos. La Comuna sustituyó el ejército regular, instrumento ciego en manos de las clases dominantes, y armó a todo el pueblo; proclamó la separación de la Iglesia del Estado; suprimió la subvención del culto (es decir, el sueldo que el Estado pagaba al clero) y dio un carácter estrictamente laico a la instrucción pública, con lo que asestó un fuerte golpe a los gendarmes de sotana. Poco fue lo que pudo hacer en el terreno puramente social, pero ese poco muestra con suficiente claridad su carácter de gobierno popular, de gobierno obrero: se prohibió el trabajo nocturno en las panaderías; fue abolido el sistema de multas, esa expoliación consagrada por la ley de que se hacía víctima a los obreros; por último, se promulgó el famoso decreto en virtud del cual todas las fábricas y todos los talleres abandonados o paralizados por sus dueños eran entregados a las cooperativas obreras, con el fin de reanudar la producción. Y para subrayar, como si dijéramos, su carácter de gobierno auténticamente democrático y proletario, la Comuna dispuso que la remuneración de todos los funcionarios administrativos y del Gobierno no fuera superior al salario normal de un obrero, ni pasara en ningún caso de los 6.000 francos al año (menos de 200 rublos mensuales).

Todas estas medidas mostraban elocuentemente que la Comuna era una amenaza mortal para el viejo mundo, basado en la opresión y la explotación. Ésa era la razón de que la sociedad burguesa no pudiera dormir tranquila mientras en el ayuntamiento de París ondease la bandera roja del proletariado. Y cuando la fuerza organizada del Gobierno pudo, por fin, dominar a la fuerza mal organizada de la revolución, los generales bonapartistas, esos generales batidos por los alemanes y valientes ante sus compatriotas vencidos, esos Rennenkampf[2] y Meller-Zakomielski[3] franceses, hicieron una matanza como París jamás había visto. Cerca de 30.000 parisienses fueron muertos por la soldadesca desenfrenada; unos 45.000 fueron detenidos y muchos de ellos ejecutados posteriormente; miles fueron los desterrados o condenados a trabajos forzados. En total, París perdió cerca de 100.000 de sus hijos, entre ellos a los mejores obreros de todos los oficios.

La burguesía estaba contenta. «¡Ahora se ha acabado con el socialismo por mucho tiempo!», decía su jefe, el sanguinario enano Thiers, cuando él y sus generales ahogaron en sangre la sublevación del proletariado de París. Pero esos cuervos burgueses graznaron en vano. Después de seis años de haber sido aplastada la Comuna, cuando muchos de sus luchadores se hallaban aún en presidio o en el exilio, se iniciaba en Francia un nuevo movimiento obrero. La nueva generación socialista, enriquecida con la experiencia de sus predecesores, cuya derrota no la había desanimado en absoluto, recogió la bandera que había caído de las manos de los luchadores de la Comuna y la llevó delante con firmeza y audacia, al grito de «¡Viva la revolución social, viva la Comuna!», y tres o cuatro años más tarde, un nuevo partido obrero y la agitación levantada por éste en el país obligaron a las clases dominantes a poner en libertad a los *communards* que el Gobierno aún mantenía presos.

La memoria de los luchadores de la Comuna es honrada, no sólo por los obreros franceses, sino también por el proletariado de todo el mundo, pues aquélla no luchó

---

[2] P. K. Rennenkampf. Véase V. I. Lenin, *op. cit.*, «Biografías», tomo complementario 2. *[N. del E.]*
[3] Meller-Zakomielski. *Ibidem. [N. del E.]*

por un objetivo local o estrechamente nacional, sino por la emancipación de toda la humanidad trabajadora, de todos los humillados y ofendidos. Como combatiente de vanguardia de la revolución social, la Comuna se ha ganado la simpatía en todos los lugares donde sufre y lucha el proletariado. La epopeya de su vida y de su muerte, el ejemplo de un gobierno obrero que conquistó y retuvo en sus manos durante más de dos meses la Capital del mundo, el espectáculo de la heroica lucha del proletariado y de sus sufrimientos después de la derrota, todo esto ha levantado la moral de millones de obreros, alentando sus esperanzas y ganado sus simpatías para el socialismo. El tronar de los cañones de París ha despertado de su sueño profundo a las capas más atrasadas del proletariado y ha dado en todas partes un impulso a la propaganda socialista revolucionaria. Por eso no ha muerto la causa de la Comuna, por eso sigue viviendo hasta hoy día en cada uno de nosotros.

La causa de la Comuna es la causa de la revolución social, es la causa de la completa emancipación política y económica de los trabajadores, es la causa del proletariado mundial. Y en este sentido es inmortal*.

---

* *Rabóchaia Gazeta* 4-5, 15 (28) de abril de 1911.
Se publica de acuerdo con el texto del periódico.

Índice

Manifiesto del Consejo General de la Asociación
Internacional de los Trabajadores sobre la guerra civil
en Francia en 1871. A todos los miembros de la
Asociación en Europa y los Estados Unidos 5
Karl Marx

    I 5
    II 20
    III 31
    IV 52

Apéndices 71

Introducción a la edición alemana de *La guerra civil en Francia*, publicada en 1891 77
Friedrich Engels

Las enseñanzas de la Comuna 97
Vladímir Ilich Lenin

Cartas a Kugelmann 103
Karl Marx

En memoria de la Comuna 107
Vladímir Ilich Lenin

AKAL BÁSICA DE BOLSILLO

Títulos publicados

4   SAINERO, RAMÓN. *Sagas celtas primitivas.*

6   CASTRO, ROSALÍA DE. *Cantares gallegos.*

8   ANÓNIMO. *Kudrun.*

9   MARQUÉS DE SADE. *Los crímenes del amor.*

12 BERMEJO BARRERA, JOSÉ CARLOS. *Introducción a la sociología del mito griego.*

13 LANDAU, LEVY D. y RUMER, YURI. *¿Qué es la Teoría de la Relatividad?*

14 DARWIN, CHARLES. *Origen de las especies.*

15 BENNASSAR, B. *La América española y la América portuguesa, siglos XVI-XVIII.*

17 DARWIN, CHARLES. *Viaje de un naturalista alrededor del mundo* (2 vols.).

19 MAKARENKO, ANTON SEMIONOVICH. *Poema pedagógico.*

20	MORE, THOMAS. *Utopía*.
23	GARCÍA LORCA, FEDERICO. *Obras II. Poesía, 2*.
29	SAINERO, RAMÓN. *La huella celta en España e Irlanda*.
31	PROPP, VLADIMIR. *Morfología del cuento*.
34	KAFKA, FRANZ. *Carta al padre*.
36	SAINERO, RAMÓN. *Leyendas celtas*.
37	HOMERO. *La Ilíada*.
38	TAGORE, RABINDRANATH. *Gora. Una juventud en la India*.
39	MELVILLE, HERMAN. *Bartleby, el escribiente*.
40	WILDE, OSCAR. *El retrato de Dorian Gray*.
41	HOMERO. *La Odisea*.
44	TUÑÓN DE LARA, MANUEL. *La España del siglo XIX* (2 vols.).
45	TUÑÓN DE LARA, MANUEL. *La España del siglo XX* (3 vols.).
48	MARX, KARL. *El Capital* (obra completa).
56	BLANCO AGUINAGA, CARLOS; RODRÍGUEZ PUÉRTOLAS, JULIO y ZAVALA, IRIS M. *Historia social de la literatura española (en lengua castellana)* (2 vols.).
58	WHITMAN, WALT. *Canto a mí mismo*.
59	NIETZSCHE, FRIEDRICH. *La gaya ciencia*.
60	UNAMUNO, MIGUEL DE. *La tía Tula. San Manuel Bueno, mártir*.

61 ADORNO, THEODOR W. *Escritos filosóficos tempranos.* Obra completa, 1.

62 ADORNO, THEODOR W. *Kierkegaard. Construcción de lo estético.* Obra completa, 2.

63 ADORNO, THEODOR W. *Dialéctica de la Ilustración.* Obra completa, 3.

64 ADORNO, THEODOR W. *Minima moralia. Reflexiones desde la vida dañada.* Obra completa, 4.

66 ADORNO, THEODOR W. *Dialéctica negativa. La jerga de la autenticidad.* Obra completa, 6.

67 ADORNO, THEODOR W. *Teoría estética.* Obra completa, 7.

68 ADORNO, THEODOR W. *Escritos sociológicos I.* Obra completa, 8.

69 ADORNO, THEODOR W. *Escritos sociológicos II.* Obra completa, 9 (1).

71 ADORNO, THEODOR W. *Crítica de la cultura y sociedad I.* Obra completa, 10 (1).

72 ADORNO, THEODOR W. *Crítica de la cultura y sociedad II.* Obra completa, 10 (2).

73 ADORNO, THEODOR W. *Notas sobre literatura.* Obra completa, 11.

74 ADORNO, THEODOR W. *Filosofía de la nueva música.* Obra completa, 12.

75 ADORNO, THEODOR W. *Monografías musicales.* Obra completa, 13.

76 ADORNO, THEODOR W. *Disonancias. Introducción a la sociología de la música.* Obra completa, 14.

77 ADORNO, THEODOR W. *Composición para el cine. El fiel correpetidor.* Obra completa, 15.

78 ADORNO, THEODOR W. *Escritos musicales I-III.* Obra completa, 16.

79 ADORNO, THEODOR W. *Escritos musicales IV.* Obra completa, 17.

84 CARROLL, LEWIS. *Alicia en el País de las Maravillas. A través del espejo.*

85 KANT, IMMANUEL. *Pedagogía.*

86 LONDON, JACK. *Martín Eden.*

87 VIGOTSKY, LEV SEMENOVICH. *La imaginación y el arte en la infancia.*

88 MARQUÉS DE SADE. *Las 120 jornadas de Sodoma.*

89 MARQUÉS DE SADE. *Los infortunios de la virtud. El presidente burlado.*

90 LISÓN TOLOSANA, CARMELO. *Antropología cultural de Galicia.*

91 LISÓN TOLOSANA, CARMELO. *Brujería, estructura social y simbolismo en Galicia.*

92 LISÓN TOLOSANA, CARMELO. *Perfiles simbólico-morales de la cultura gallega.*

93 LISÓN TOLOSANA, CARMELO. *La España mental: el problema del mal; Demonios y exorcismos en los siglos de oro.*

94 Lisón Tolosana, Carmelo. *La España mental: el problema del mal; Demonios y exorcismos en Galicia.*

95 Lisón Tolosana, Carmelo. *La Santa Compaña.*

96 Rabelais, François. *Gargantúa.*

97 Rabelais, François. *Pantagruel.*

98 Poe, Edgar Allan. *Historias extraordinarias.*

99 Vigotsky, Lev Semenovich; Leontiev, Alexis y Luria, Alexander Romanovich. *Psicología y pedagogía.*

100 Baudelaire, Charles. *Los paraísos artificiales.*

101 Politzer, Georges. *Principios elementales y fundamentales de filosofía.*

102 Michelet, Jules. *La bruja; Un estudio de las supersticiones en la Edad Media.*

103 VVAA. *Antología de cuentos rusos.*

104 Reed, John. *Diez días que estremecieron el mundo.*

105 Lisón Tolosana, Carmelo. *Invitación a la antropología cultural de España.*

106 Burckhardt, Jacob. *La cultura del Renacimiento en Italia.*

107 Campanella, Tommasso. *La Ciudad del Sol.*

108 Vinci, Leonardo da. *Tratado de Pintura.*

109 Bonte, Pierre e Izard, Michael. *Diccionario de Etnología y Antropología.*

110 Bouvier, Alain y George, Michel. *Diccionario Akal de Matemáticas.*

111 BURGUIÈRE, ANDRÉ (DIR.). *Diccionario de Ciencias históricas.*

112 DORON, ROLAND y PAROT, FRANÇOISE (DIRS.). *Diccionario Akal de Psicología.*

113 GEORGE, PIERRE. *Diccionario de Geografía.*

114 LÉVY, ELIE. *Diccionario de Física.*

115 ENGELS, FRIEDRICH y MARX, KARL. *Manifiesto comunista.*

116 TWAIN, MARK. *Cuentos humorísticos.*

117 JALIL GIBRÁN, GIBRÁN. *El profeta. El loco. El vagabundo.*

118 SCHOPENHAUER, ARTHUR. *El mundo como voluntad y representación.*

119 PONCE, ANÍBAL. *Educación y lucha de clases.*

120 GREINER-MAI, HERBERT (DIR.). *Diccionario Akal de literatura general y comparada.*

121 DUMAS, ALEXANDRE. *La dama de las camelias.*

122 CONRAD, JOSEPH. *Los duelistas.*

123 LAGERLÖF, SELMA. *El maravilloso viaje de Nils Holgersson.*

124 KAFKA, FRANZ. *El proceso.*

125 KIPLING, RUDYARD. *Los cuentos de así fue.*

126 DOSTOIEVSKI, FIODOR M. *El jugador.*

127 HILGEMANN, WERNER y KINDER, HERMANN. *Atlas histórico mundial, I.*

128 HILGEMANN, WERNER y KINDER, HERMANN. *Atlas histórico mundial, II.*

129 BACON, FRANCIS. *Nueva Atlántida.*

130 VON KLEIST, HEINRICH. *El cántaro roto. El terremoto en Chile. La marquesa de O…*

131 ROUSSEAU, JEAN-JACQUES. *Julia, o la nueva Eloísa.*

132 GOGOL, NIKOLÁI V. *Taras Bulba.*

133 TOCQUEVILLE, ALEXIS DE. *La democracia en América.*

134 LUKÁCS, GYÖRGY. *Marx, ontología del ser social.*

135 LÓPEZ RUIZ, LUIS. *Guía del flamenco.*

136 DOSTOIEVSKI, FIODOR. *Crimen y castigo.*

137 FELIPE, LEÓN. *Nueva antología rota.*

138 AL-KARDABUS, IBN. *Historia de Al-Andalus.*

139 VOLTAIRE. *Diccionario filosófico.*

140 DESCARTES, RENÉ. *El discurso del método.*

141 GORKI, MAKSÍM. *La madre.*

142 KOVALIOV, SERGEI IVANOVICH. *Historia de Roma.*

143 VERNE, JULIO. *Cinco semanas en globo.*

144 VERNE, JULIO. *La vuelta al mundo en ochenta días.*

145 VERNE, JULIO. *Viaje al centro de la Tierra.*

146 VERNE, JULIO. *Alrededor de la Luna.*

147 VERNE, JULIO. *La esfinge de los hielos.*

148 VERNE, JULIO. *De la Tierra a la Luna.*

149 GOETHE, JOHANN WOLFGANG VON. *Los padecimientos del joven Werther.*

150 FLAUBERT, GUSTAVE. *Madame Bovary.*

151 PARMÉNIDES. *Poema.*

152 HOFFMANN, E. T. A. *Los elixires del diablo.*

153 ZAMIÁTIN, EVGUENI I. *Nosotros.*

154 CARMONA MUELA, JUAN. *Iconografía de los santos.*

155 CARMONA MUELA, JUAN. *Iconografía cristiana.*

156 CARMONA MUELA, JUAN. *Iconografía clásica.*

157 RODRÍGUEZ PUÉRTOLAS, JULIO. *Historia de la literatura fascista española* (2 vols.).

159 STENDHAL. *Rojo y negro.*

160 GARCÍA LORCA, FEDERICO. *Obra completa I. Poesía, 1.*

161 GARCÍA LORCA, FEDERICO. *Obra completa II. Poesía, 2.*

162 GARCÍA LORCA, FEDERICO. *Obra completa III. Teatro, 1.*

163 GARCÍA LORCA, FEDERICO. *Obra completa IV. Teatro, 2.*

164 GARCÍA LORCA, FEDERICO. *Obra completa V. Teatro, 3. Cine. Música.*

165 GARCÍA LORCA, FEDERICO. *Obra completa VI. Prosa, 1.*

166 GARCÍA LORCA, FEDERICO. *Obra completa VII. Prosa, 2.*

167 GAUGUIN, PAUL. *Escritos de un salvaje.*

168 VERNE, JULIO. *Escuela de robinsones.*

169 BOURDIEU, PIERRE. *Cuestiones de Sociología.*

170 GÓMEZ PANTOJA, JOAQUÍN; MARTÍNEZ-PINNA NIETO, JORGE y MONTERO HERRERO, SANTIAGO. *Diccionario de personajes históricos griegos y romanos.*

171 MAUPASSANT, GUY DE. *Bola de sebo, Mademoiselle Fifi y otros cuentos.*

172 LESKOV, N. S. y TURGUÉNIEV, I. S. *Una lady Macbeth de Mtsensk. El rey Lear de la estepa.*

173 BENESCH, HELLMUTH y VON SAALFELD, HERMANN FRHR. *Atlas de Psicología,* vol. I.

174 BENESCH, HELLMUTH y VON SAALFELD, HERMANN FRHR. *Atlas de Psicología,* vol. II.

175 CARPENTIER, ALEJO. *¡Écue-Yamba-Ó!*

177 CARPENTIER, ALEJO. *Los pasos perdidos.*

178 CARPENTIER, ALEJO. *El siglo de las luces.*

179 CARPENTIER, ALEJO. *El recurso del método.*

181 CARPENTIER, ALEJO. *El arpa y la sombra.*

184 PLATÓN. *La República.*

185 LÉRMONTOV, M. Y. *El héroe de nuestro tiempo.*

186 LESSING, GOTTHOLD EPHRAIM. *Nathan el Sabio.*

187 BIELY, ANDRÉI. *Petersburgo.*

189 MCCOY, HORACE. *Los sudarios no tienen bolsillos.*

191 HIMES, CHESTER. *Por amor a Imabelle.*
193 PI I MARGALL, FRANCISCO. *Las Nacionalidades.*
194 HIMES, CHESTER. *El extraño asesinato.*
195 MCCOY, HORACE. *Debería haberme quedado en casa.*
196 SCERBANENCO, GIORGIO. *Traidores a todos.*
197 FAUSER, JÖRG. *El hombre de nieve.*
198 STEVENSON, ROBERT LOUIS. *El señor de Ballantrae.*
199 KAFKA, FRANZ. *La Metamorfosis.*
200 CASTRO, ROSALÍA DE. *Follas Novas.*
201 POLO, MARCO. *Viajes.*
202 HIMES, CHESTER. *La banda de los Musulmanes.*
203 HAEBERLE, ERWIN J. *Atlas de la sexualidad.*
204 MAQUIAVELO, NICOLÁS. *El Príncipe.*
206 DAENINCKX, DIDIER. *Asesinatos archivados.*
207 FERGUSON, ADAM. *Ensayo sobre la historia de la sociedad civil.*
208 DUMAS, ALEXANDRE. *El conde de Montecristo* (2 vols.).
210 SASTRE, ALFONSO. *Teatro: Uranio 235. Escuadra hacia la muerte. La sangre y la ceniza*
211 TOLSTOI, LEON. *Sonata a Kreutzer.*
220 ANDREAE, JOHANN VALENTIN. *Cristianópolis.*
221 HALL, JOSEPH. *Un mundo distinto pero igual.*
223 TAVERNIER, BERTRAND y COURSODON, JEAN-PIERRE. *50 años de cine norteamericano* (2 vols.).

997 García Lorca, Federico. *Obra completa.*
998 Lisón Tolosana, Carmelo. *Antropología cultural de Galicia.* Obra completa.